KB125553

쓸데없는 걱정으로
준비된 체력이
소진되었습니다

일러두기

• 책에 등장하는 환자의 이름은 모두 가명이며 모든 사례는 각색을 거쳤습니다.

쓸데없는 걱정으로 소비된 체력이 소진되었습니다

쉽게 불안해하는 당신을 위한
걱정 끊기의 기술

이광민
지음

웅진 지식하우스

살아있는 모든 인간은
자기 삶의 수준을 개선하려는 기대가
높으면 높을수록 피할 수 없는
불안이란 것과 함께 가야하는 운명이다.

— 알랭 드 보통Alain de Botton, 『불안』

이 책을 먼저 읽은 이들의 추천사

스스로 통제할 수 없는 상황, 예측성이 떨어지는 사회는 불안이 높을 수밖에 없다. 하지만 역설적으로 불안은 생존을 위한 필수적인 감정이다. 저자는 불안이 없어져야 할 부정적인 감정이 아닌 더불어 살아가야 할 정상적인 감정임을 강조한다. 불안 자체가 문제가 아니라 불안을 대하는 태도가 문제라는 뜻이다. 이 책은 막연한 조언이 아닌 구체적이고도 실용적인 대안을 제공하고 있다. 쓸데없는 고민과 불안으로 지친 현대인들에게 귀한 삶의 지침서가 될 것이라고 확신한다.

신영철(강북삼성병원 정신건강의학과 교수, 『그냥 살자』 저자)

많은 사람들이 불안과 걱정 속에 살아간다. 불안과 걱정은 삶을 힘들게 하기도 하고 때로는 발전의 동력이 되기도 한다. 이러한 불안과 걱정의 정체는 무엇이고 어떻게 대처해야 하는가? 이 책의 저자는 임상 경험과 삶에 대한 통찰을 기반으로 누구나 쉽게 이해할 수 있도록 친절하게 풀이하고 있다. 불안과 걱정을 잘 관리하고 성장과 성숙의 계기로 승화시키는 데 도움이 될 것이다.

함봉진(서울대학교병원 정신건강의학과 교수)

나만 그런가 싶었던 작은 불안은 누구에게나 있다. 조금 불편하지만 살아가는 데 문제가 없고 때론 필요한 불안들 말이다. 이 책에서는 그런 불안들이 내 삶을 갉아먹지 않도록 어떻게 잘 이용해야 하는지 어렵지 않게 담아내고 있다. 불안해도 괜찮지만 그래도 자신을 위한 삶을 원하는 젊은 세대에게 이 책은 따뜻한 위안과 냉철한 조언을 함께 전한다.

서장훈(방송인)

바퀴벌레보다 박멸하기 어려운 내 마음속 '불안'이라는 감정. 세상은 이 번식력 좋은 불안균을 무턱대고 없애라고 하지만 없애고 싶어도 좀처럼 없어지지 않아 나는 더욱 불안해진다. 그런 나에게 이광민 선생님은 이 책을 통해 괜찮다고 다독인다. 장 속에도 유익균과 유해균이 있는 것처럼 내 안의 유익한 불안은 활용하고 유해한 불안만 걷어내자고 말이다. 마치 사과 대신 사과 따는 도구를 선물하듯 그가 손에 꼭 쥐어준 마음의 분필로, 이제 우리를 좀먹는 나쁜 불안 앞에 나를 지켜줄 저지선을 그어보자.

안현모(방송인)

내가 아는 이광민 원장은 어떤 문제에서든 늘 명쾌한 위안을 주는 사람이다. 이 책 역시 불안에 취약한 사람들이 일상에서 겪는 문제에 대한 구체적인 해답과 공감을 담고 있다. 평소 생각이 많고 불안에 취약한, 유난히 이타적인 당신을 위한 내용들이다. 나 역시도 앞으로 끝없이 떠오르는 걱정에 잠 못 이루는 날 이 책을 가장 먼저 펼쳐볼 것이다.

이상엽(배우)

음악가로서 행복하기도 하지만 불안도 함께 안고 살고 있는데요. 마인드가 힘들 때일수록 철저한 관리가 중요하다고 생각합니다. 문제가 생겼을 때 이를 이해해야 이겨낼 수 있는데, 바로 이 책을 통해 많은 분들이 이해understanding, 치유healing, 회복rejuvination을 마주하실 수 있을 거예요. 어려운 이야기도 마치 쉬운 이야기처럼 소통하는 저자의 아름다운 능력이 드러나는 이 책, 저뿐만 아니라 많은 분들에게 큰 힘이 될 것 같습니다!

대니구(바이올리니스트)

당신이 불안한 것엔 그럴 만한 이유가 있다. 불안을 느끼는 것이 잘못이 아니라는 저자의 말은 큰 위로가 된다. 책을 천천히 읽다보면 벽에 비친 거대한 그림자와 같던 불안이 사실은 그저 작은 어린아이라는 알게 된다. 저자는 당신에게 그 아이와 친해지는 방법을 구체적으로 알려준다. 이 책을 통해 마음속 아이의 말에 귀 기울여보자. 불안함의 진짜 이유를 찾을 수 있을 것이다. 아마도 당신이 이 책을 다 읽을 때쯤엔 불안을 이용해 앞으로 나아갈 수 있을 것이다.

최설민(유튜버 '놀면서 배우는 심리학')

없는 걱정도 사서 하느라
일상이 버거운 당신에게

어느 날, 젊은 여성이 진료실에 찾아와 이렇게 말했다.

"…이렇게 사소한 걸로 정신과에 와도 되는 건지 모르겠어요."

쭈뼛쭈뼛 내 눈치를 살피더니 겨우 하는 말이었다. 이 한 문장에 여러 사소한 불안이 느껴졌다. 정신과(현재는 정신건강의학과로 명칭이 변경되었다)는 마음의 어려움을 가진 사람들을 위한 곳이지만 이제는 진로 고민부터 연애 상담까지 다양한 주제를 이야기할 수 있을 만큼 꽤나 문턱이 낮아졌다. 하지만 불안이 높은 사람들은 스스로 예약하고 돈을 지불하고 진료를 보는 것인데도 이 공간에 와도 될지 여전히 고민하고 눈치를 본다.

나는 진료실에서 다양한 사람들의 다양한 마음의 불편함을 듣게 되는데 요즘에는 이렇듯 작고 사소한 불안에 휘둘리는 경우를 자주 본다. 가령 지나가는 모르는 사람이 내 외모나 패션을 평가하는 것 같아 신경 쓰이고, 가까운 사람과 나눈 가벼운 이야기도 괜히 실없는 말을 한 것 같아 금방 후회한다. 학교 과제를 다 해놓고도 왠지 교수님에게 지적을 받을 것 같아 주저하다가 결국 제출을 하지 않는 경우도 있다. 이메일을 쓸 때 몇 번이나 오타와 수신자를 확인하거나, 부탁이나 거절이 힘들어서 걱정을 미리 사서 하느라 시간을 많이 소모하고 쉽게 지친다.

이처럼 이 책은 남들은 쉽게 넘기는 것 같은데 나는 괜히 계속 신경이 쓰이는 그런 불안을 다루려 한다. 남들이 봤을 때는 작은 불안, 사소한 염려, 쓸데없는 걱정일지는 모르겠지만 막상 나에게는 작지 않고, 사소하지 않으며, 쓸데없지 않은 불안이다. 얼핏 별거 아닌 것 같아 보여도 인생을 장기전으로 살아가야 하는 입장에서 이런 불안은 가랑비에 옷 젖듯 우리 삶을 갉아먹는다. 그리고 때로는 뭘 하지도 않았는데 에너지가 방전된다. 불안으로 인해 내 안에서는 계속 에너지를 쓰고 있기 때문이다. 이런 불안을 힘겹게 견디려다 손해를 보기도 하고, 심하면 지쳐 포기하는 경우도 있다. 이들을 위해 앞으로 자신이 왜 이런 불안에 시달리는지 그리고 어떻게 대처해야 할지를 소개하려 한다.

책 제목을 두고 여러 고민을 했다(이 역시 나의 작은 불안이다). "쓸데없는 걱정으로 '준비된 체력을 소진하였습니다'"와 '준비된 체력이 소진되었습니다'를 사이에 두고 마지막까지 고민을 했다. 문법적으로라면 수동형 '소진되었습니다'보다는 능동형 '소진하였습니다'가 바람직하긴 하겠지만, 작은 불안은 우리가 원치 않게 우리를 괴롭히니 수동형이 의미상 맞을 것 같았다. 쓸데없는 걱정은 의도와는 상관없이 준비된 체력을 소진시켜 버리는 거다. 덧붙이자면 이 제목은 "준비된 체력이 소진되어 오늘 하루 쉬겠습니다"라는 이 시대의 밈을 차용했다.

우리는 사회적으로 자신을 지켜내고 인정받고 성과를 만들어내기 위해 이런저런 걱정들을 견디면서 살아야 한다. 이걸 누군가는 완벽주의나 강박이라 여기며 불필요하게 에너지를 쓰지 말고 그냥 당당하게 살라고 말할지도 모른다. 그런데 그게 간단히 될 것 같으면 내가 이렇게 걱정을 붙잡으며 살지도 않을 것이다. 원해서 이러는 것도 아니지만 때로는 걱정을 하지 않으면 더 불안해지기 때문에 뭐라도 걱정을 하고 있다. 무엇보다 쓸데없는 걱정은 없다. 남에겐 쓸데없어 보일지 몰라도 나에게는 어쩔 수 없이 집중해야 할 문제인 것이다. 이 책은 이처럼 불안을 신경 쓰면서도 현재를 살아가기 위해 애쓰고 있는 사람들을 위해 쓰였다.

물론 이 책을 읽는다고 해서 불안이 없어지진 않는다.

그저 저자인 나도 비슷한 불안을 안고 살아가는 비슷한 입장에서 최소한으로 스스로를 지키고 현실을 버텨내기 위한 나름의 대처법을 전하려 한다. 불안으로 일상을 힘겹게 살아가는 사람들에게 도움이 되기를 바란다.

2024년, 6월

차례 .

PART 1

매사에 걱정하는 제가 이상한 건가요?
당신의 불안은 정상입니다

PART 2

사소한 일에 멘탈이 부서지는 중입니다

만성불안러에게 필요한 걱정 끊기 훈련

PART 3

결정을 잘하는 사람이 되고 싶어요

후회 없는 선택을 위해 멀리 보는 법

PART 4

저를 불안하게 만드는 사람이 있어요

눈치 보는 관계에서 자유로워지려면

PART 1

매사에 걱정하는 제가 이상한 건가요?

당신의 불안은 정상입니다

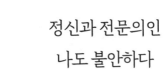

정신과 전문의인
나도 불안하다

"그 상황이라면 저도 불안했을 겁니다."

환자의 말이 아니다. 진료하다 내가 자주 하는 말이다. 상대방을 공감하거나 위로하기 위해서도 아니다. 그가 처한 상황을 듣다 보면 정말 나라도 불안했을 것 같다. 어쩌면 같은 상황에서 내가 더 불안해했을지도 모른다. 그렇다고 정신과 의사인 내가 병적으로 불안이 높은 사람이냐 하면 그것도 아니다. 더구나 진료실에서 터놓는 이런 불안은 전쟁이나 재난, 중병처럼 심각한 불안이 아니다. 그저 내가 실수해서 일을 그르쳤을까, 노력한 만큼 인정을 받지 못할까, 괜히 미움을 사지 않을까 같은 상대적으로 사소하고 작은 불안이 대부분이다.

이런 불안은 걱정에 그칠 뿐 실제로 일어날 확률은 낮다. 설령 일어났다 하더라도 피해는 잔잔한 수준이라 큰 문제는 아니다. 그럼에도 이러한 불안은 우리의 삶을 조금씩 갉아먹는다. 나와 주변 사람을 피곤하게 만들면서 말이다. 예를 들어 이런 식이다.

"솔직하게 제 의견을 말하는 게 어려워요. 친구가 '카페에서 만날까? 백화점에서 만날까?' 하고 물어보면 '그냥 너 편한 곳에서 보자'라고 대답하는 편이에요. 사실 저는 사람 많은 곳을 싫어해서 카페가 더 좋아요. 그런데 선뜻 '카페에서 보자'라는 말이 안 나와요. 친구가 백화점에서 보는 게 더 편할지도 모르잖아요. 저야 참으면 되니까…. 근데 막상 약속 장소가 백화점으로 정해지고 나면 왠지 제가 손해 보는 느낌이 들어요."

대단히 중요하지 않은 일인데도 뭘 하든 신경이 쓰이

고 타인을 의식하게 된다. 이런 자잘한 것까지 눈치 보면서 사는 자신이 답답해진다. 괜히 내가 작게 느껴지고, 갑보다는 을 같고, 손해 보는 것 같고, 호구가 된 기분도 든다. 그렇지만 비슷한 상황이 오면 또다시 마음이 크게 흔들리며 불안해진다.

정신과 의사인 나 역시 불안이 많은 사람이다. 물론 심각한 불안은 아니다. 누군가는 "뭘 그런 것 가지고 신경을 써"라고 말할 정도의 작은 불안이 대부분이다. 솔직히 고백하자면, 음식 배달 앱이 활성화되기 전까지 전화로 치킨 배달을 못 시켰을 정도다. 그게 뭐라고, 왠지 전화받는 사람이 싫어할 것 같고 짜증을 부릴 것 같아 전화를 걸기가 두려웠다. 어릴 때는 동생에게 부탁하고, 결혼하고는 아내에게 부탁했다. 아내는 혀를 끌끌 차면서 나를 마치 하자가 있는 사람 보듯 쳐다봤다. 치킨 주문도 버거우니 당연히 "치킨 무 좀 더 주세요"는 불가능하다.

대학 시절 동아리방에서 선배가 나에게 중국집에 배달

주문을 시킨 적이 있다. 당연히 전화로다. 주문할 음식을 정리한 다음 전화를 하려고 하는데 제일 무서운 선배가 소리쳤다.

"단무지 많이 달라고 하고!"

순간 머릿속이 하얘졌다. 전화 주문하는 것도 부담인데 단무지 많이 달라는 부탁까지 해야 하다니. 전화를 걸어 여러 음식을 주문하고 난 후 나는 기어들어가는 목소리로 겨우 말을 꺼냈다.

"죄송하지만… 단무지 좀 더 주실 수 있을까요?"

옆에 있던 여자 동기가 답답한 듯 나를 보며 말했다.

"야! 무슨 탕수육을 공짜로 달라고 한 것도 아닌데 뭘 그렇게 굽신거려?"

순간 얼굴이 붉어지며 이런 나 자신이 싫어졌다.

나를 지키기 위한 불안이 있다

~~~

나처럼 작은 일도 쉽게 넘기지 못하고 전전긍긍하는 '만성불안러'들이 있다. 남 앞에 나를 드러내는 게 힘들고, 일어나지 않을 일을 미리 걱정하고, 내 실수가 모든 일을 망칠 것만 같은 기분이 드는 사람들. 이 책에서는 이러한 불안을 전쟁이나 질병과 같은 심각한 불안과 대비하여 '작은 불안'이라 부르기로 하겠다.

작은 불안의 영역은 일상생활에 영향이 조금도 없는 사소한 불안부터 사회생활을 하는 데 도움이 되는 꼼꼼한 불안까지 매우 다양하다. 사소한 불안으로 대표적인 것이 모르는 사람들 사이에서 괜히 나만 과도하게 주변을 의식하는 상황이다. 거리를 걷다가 사람들이 왠지 나를 쳐다보는 것 같아 그 사이를 무던하게 지나가는 것이 어렵다거나 카페에서 주문할 때 버벅거리게 되는 상황이 여기에 해당한다.

사소하다고 넘기기엔 신경이 쓰이는 불안도 있다. 직

장에서 이메일을 보내면서 철자나 띄어쓰기가 틀린 게 없는지, 받는 사람의 이메일 주소를 제대로 입력했는지, 엉뚱한 이메일 주소가 포함되어 있지 않은지 몇 번씩 확인하느라 10분이면 끝낼 업무를 한 시간 째 끌어안고 있는 상황이다.

또 친구들과 즐겁게 술 한잔하면서 한참 수다를 떨다가도 헤어지고 돌아오는 길이면 머릿속이 복잡해질 때도 있다. 괜히 흥에 겨워서 던진 농담이 상대방의 기분을 상하게 하진 않았을까, 내가 너무 가벼운 사람처럼 보이진 않았을까 걱정된다. 그래서 집에 와서 '이불킥'을 하기도 한다. 이런 건 왠지 사소하다기엔 내 삶에 타격감이 있을 것 같은 불안이다.

작은 불안은 마치 여름밤의 모기처럼 우리를 성가시게 괴롭힌다. 문제는 우리가 이 불안을 쉽사리 놓지 못한다는 것이다. 걱정거리가 없으면 왠지 금방 불행이 닥칠 것 같아서 일어날 수 있는 최악의 상황까지 시뮬레이션해야만 마음이 편하다. 그야말로 '불안하지 않으면 불안한' 악순환에 갇히게 된다.

때론 완벽주의가 불안을 붙잡길 원하기도 한다. 불안을 감당하며 사는 나를 주변 사람들이 직업적으로 높이 평가할 때도 있기 때문이다. 그렇게 불안을 쥐고 사는 우리에게는 잘 살아내기 위해 불안이 필요하기도 하다.

나에게 "매사에 불안한 저, 비정상인가요?"라고 묻는 이들이 많다. 나는 지극히 정상이라고 답한다. 불안은 본능이다. 진화심리학적으로 인류가 생존과 번식에 유리하도록 발달시켜온 자연스러운 감정이기 때문이다.

돌이켜보자. 내가 원해서 이 불안을 가지고 있을까? 그렇지 않다. 어느 순간부터 작은 불안을 가볍게 넘기지 못해왔고, 그 사소한 불안의 영역은 비교적 일관되게 지속해왔다. 내가 선택했다기보다 언젠가부터 내 안에서 형성된 불안인 것이다. 불안이 만들어지는 기본 바탕에는 나를 지키기 위한 본능이 깔려 있다. 이 본능 위에 나 자신이든 외부 환경이든 다양한 요인이 쌓이며 불안은 구체적인 내용을 만든다.

만약 불안을 느낄 수 없다면 삶이 더 만족스러울까? 애석하게도 불안이 없는 사람은 자신을 스스로 지킬 수 없다. 위험을 인지하기 위해서는 반드시 불안이 필요하다. 기근이든, 재난이든, 질병이든, 위협이든 위험이 두렵지 않다면 대비도 할 수 없다.

또한 불안이 없으면 사회적으로도 섞일 수 없다. 사회적 불안이 없는 사람은 상대의 마음을 읽고 공감하면서 맞추려고 노력하지 않기 때문이다. 극단적으로 이야기하자면 불안이 없는 사람은 소시오패스, 심하면 사이코패스와 유사한 특성을 지닌다. 불안이 없어서 소시오패스가 되었든 소시오패스여서 불안이 없든, 선후가 어찌 되었든 간에 미래에 대한 어떤 결과도 불안하지 않으니 타인의 감정 따위는 신경 쓸 필요가 없어지는 셈이다. 그러면 더욱더 반사회성이 강화될 수밖에 없다.

불안에 개미처럼 대처할 것인가
베짱이처럼 대처할 것인가

～✒～

이렇게 불안은 우리가 자신을 보호하기 위해서든 사회적으로 섞여 살아가기 위해서든 반드시 필요하다. 다만 본능적인 불안에 대한 대처 방식은 사람에 따라 다르게 드러난다.

이솝 우화 중에 『개미와 베짱이』를 예를 들어 살펴보자. 여름 동안 개미는 뙤약볕에서 열심히 일하고 베짱이는 그늘에서 팽팽 놀다가 결국 겨울이 되었을 때 개미는 따뜻하고 배부르게 지내지만 베짱이는 춥고 배고프게 지낼 수밖에 없었다는 이야기다.

불안이 본능이라면 개미도, 베짱이도 모두 추운 겨울에 대한 불안이 있어야 한다. 만약 베짱이에게 불안 자체가 없고 그래서 문제라고 한다면 이 이야기는 교훈이란 찾을 수 없는, 그저 그렇게 타고난 베짱이만 불쌍한 이야기가 되고 만다.

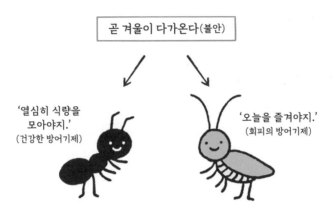

곧 겨울이 다가온다(불안)

'열심히 식량을
모아야지.'
(건강한 방어기제)

'오늘을 즐겨야지.'
(회피의 방어기제)

결국 누구에게나 불안은 있지만 저마다 불안에 대처하는 자세가 달랐다는 점을 주목해야 한다. 개미는 불안을 느끼고 이에 적극적으로 대처한 덕분에 따뜻한 겨울을 보낼 수 있었고, 베짱이는 불안을 무시하면서까지 게으름을 피웠기 때문에 추위와 배고픔에 시달릴 수밖에 없었던 것이다.

불안에 대한 상반된 반응은 어디에서 비롯될까? 각자가 가진 방어기제의 차이에서 온다. 정신분석의 아버지라고 할 수 있는 지그문트 프로이트 Sigmund Freud가 방어기제에 대한 기본 개념을 형성했고 이후 그의 딸인 안나 프로이트Anna Freud가 방어기제를 한층 체계적인 이론으로 발전시켰다.

사람이 타인과 사회적인 관계를 맺을 때 마음속 깊숙한 내면인 무의식에서는 어쩔 수 없이 여러 가지 갈등이 생긴다. 이 갈등에서 비롯하는 불편한 감정을 처리하기 위한 대처 방식이 바로 방어기제다. 이런 방어기제는 때로는 성숙한 방식으로, 때로는 자신이나 주변을 괴롭히는 미숙한 방식으로 나타난다.

불안은 무의식적 갈등을 유발하고 방어기제를 작동시키는 기본 동력이다. 다만 미성숙한 방어기제일수록 자극되는 불안을 똑바로 보지 않고 회피하거나 다른 상황으로 왜곡하기도 하고 남의 탓으로 돌려버리기도 한다.

반면 건강한 방어기제일수록 그 불안을 제대로 바라보고 대처하려 한다. 피곤하긴 하지만 꼼꼼하게 준비하고, 불필요한 건 웃어넘기고 때론 힘겨워도 이 과정을 자신의 발전을 위한 발판으로 삼는다.

여기서 개미와 베짱이 이야기를 조금 더 확장해보자. 추운 겨울이 너무 불안했던 개미는 한여름 내내 땀을 뻘뻘 흘리며 열심히 일했다. 그런데 그렇게 더운 여름날에도 쉬지 않고 일을 하던 개미가 결국 과로와 탈수로 죽음에 이르렀다면? 엥? 불안은 과해도 탈이 난다는 걸까? 결국 불안은 없어도 큰일이고 많아도 문제가 되는 것일까?

아니다. 불안은 죄가 없다. 다만 우리가 그 불안에 어떻게 대처하냐가 관건이다. 이 책에서 전하고자 하는 핵심 내용도 본능적인 불안을 무시하지 않으면서 동시에 나를 갉아먹지 않게 불안을 관리하고 이용하는 방법이다. 연습만 한다면 충분히 불안을 통제하고 상황에 따라 적절하게 활용할 수 있다.

의사가 환자에게 "나도 그 상황이면 불안할 것 같다"라고 말하며 공감을 넘어선 동질감을 느낀다는 건 그와 내가 지금 이 불안의 시대를 같이 살아가고 있다는 뜻이다. 당신이 이 책을 선택한 까닭 또한 우리가 비슷한 불안의 감정을 공유하고 있기 때문일 것이다.

가만히 있어도 스멀스멀 올라오는 불안은 본능이라 어떻게 막을 도리가 없다. 불안을 무시하거나 억압하지 않고 있는 그대로 바라보는 인식의 전환, 불안을 구체적으로 파악하고 분류해서 대처 전략을 짜고 이를 수행하기 위한 훈련을 해나가는 것, 이것이 우리가 불안의 시대에 배워야 할 생존 법칙이다.

남들은 별일 아니라는데
사소한 일에 전전긍긍하는
내가 싫을 때가 있지요?

정신과 의사인 저도 마찬가지입니다.
전화로 치킨 주문을 한다고 하면
식은땀부터 맺히는 만성불안러인걸요.

불안은 인간의 본능이기에 억압할 수 없어요.
불안을 자연스럽게 받아들이고
어떻게 대처하는지 배우는 것이
편안한 인생을 위한 열쇠가 될 겁니다.

걱정이 많은 것도
병인가요?

"저 아무래도 공황장애가 있는 것 같아요."

진료실에 들어오자마자 스스로 진단한 자신의 병명부터 말하는 이들이 있다. 가슴이 터질 것 같은 불편함으로 이 병원 저 병원에 다니다가 아무래도 공황장애 같다며 정신건강의학과 진료를 권유받아서 오는 경우다. 그런데 이외에 대부분은 방송이나 신문, 블로그나 SNS에서 공황장애 이야기를 자주 듣다 보니 자신의 이야기와 유사한 것 같아서 병원을 찾는다. 주변의 말들을 반복해서 듣다 보면 '나도 혹시?'라는 불안이 생기는 것이다.

국민 열 명 중
한 명은 불안장애

～ɔɛ～

앞서 말했듯 불안을 느끼는 것은 정상적인 반응이기 때문에 내게 실제로 문제가 있는 것인지, 진료를 받아야 하는 수준인지 스스로 판단하는 건 어렵다. 그렇다면 질병으로서의 불안은 무엇이 다를까?

우리나라는 5년에 한 번씩 전 국민을 대상으로 정신건강 실태 조사를 하는데 매년 가장 높게 나오는 정신질환이 불안장애다. 2021년 조사 결과에 따르면, 한국 사람이 일생 중에 불안장애를 경험할 확률은 9.3퍼센트였다. 대략 열 명 가운데 한 명은 본능적인 불안을 넘어 진료가 필요한 질병 수준으로 불안을 경험한다는 이야기다. 정신건강 조사에서는 질병이 있어도 없다고 응답하는 사람이 상당히 많아서 실제로는 더 많은 사람이 불안장애를 경험하는 것으로 짐작된다.

불안장애에는 다양한 종류가 있는데 강박과 공황이 대표적이다. 강박장애는 불안에 관한 생각과 행동이 결합한 것이 특징이다. 예를 들어 손이 더러워졌다는 생각이 한 번 들기 시작하면 그때부터 이 생각이 일상생활 사이사이에 파고든다. 그래서 이를 '침투사고'라고도 한다.

반복되는 생각은 통상적인 생각의 흐름을 방해한다. 그러니 불안하게 하는 생각을 해결해야 마음이 편해진다. 손이 더러워졌다는 생각도 결국 손을 씻어야 해소된다. 문제는 이 침투사고가 한 번의 행동으로 끝나지 않는 데 있다. 생각이 끼어들 때마다 행동을 반복하는 것이다. 시도 때도 없이 손을 씻자니 그것도 괴롭고, 안 씻고 참자니 침투사고가 없어지지 않아 괴롭다.

반면 공황장애는 불안이 신체를 자극하는 것이 특징이다. 우리의 몸과 마음은 유기적으로 연결되어 있다. 몸이 아프면 마음도 아프고, 마음이 아파도 몸이 아프다. 특히 불안은 몸의 긴장을 일으키는 교감신경을 자극한다. 교감신경은 신체를 전투 준비 태세로 만든다. 돌발적인 위기 상황에 기민하게 대처하기 위한 반응이다. 심장은 두근거리고, 호흡은 가빠지고, 근육은 긴장하고, 곤두선 감각은 예민해져 주변 상황을 파악하게 한다. 반면 지금의 위기 상황에 밥은 중요하지 않으니 소화기관의 활동은 떨어진다.

그런데 교감신경도 과하게 사용하다 보면 고장이 난다. 교감신경의 오작동이 바로 공황발작이다. 화재경보가 오작동하듯 별것도 아닌 일인데도 충격적인 상황이 터진 것처럼 몸이 미친 듯이 날뛴다. 당장이라도 죽을 것 같아 부랴부랴 응급실에 가면 검사 결과는 정상이고 어느새 증상도 사라진다.

이런 공황발작은 대부분 수십 분 안에 좋아진다. 문제는 죽을 것 같은 발작이 또 언제 찾아올지 몰라 불안하다는 점이다. '예기불안'이라고 하는데 이 불안이 다시 교감신경을 자극해서 공황발작을 일으킨다. 이런 악순환의 고리가 공황발작을 시도 때도 없이 반복하게 만든다. 공황발작이 일어났을 때야 당연히 괴롭지만, 발작이 없을 때도 언제 갑자기 공황이 시작될지 모르니 괴롭긴 마찬가지다.

우리가 겪는 불안장애는 그 밖에도 다양하다. 사회적 활동을 할 때 타인의 시선이나 평가가 두려운 사회공포증이나 일상 속에서 마주치는 낯선 사람의 눈치까지 보는 광장공포증, 날카로운 도구나 동그란 모양, 특정 동물이나 음식 등 특정 영역에 심한 불안을 느끼는 특정공포증도 있다. 예를 들어 특정공포증에는 입 안이 끈적끈적 달라붙는 상황에 괴로움을 느끼는 피넛버터공포증까지 있으니 생각할 수 있는 모든 영역에서 불안장애가 생길 수 있다고 여겨야 한다. 충격적인 사건을 직간접적으로 경험한 뒤 정서적인 고통이 지속되는 외상 후 스트레스 장애PTSD도 빼놓을 수 없다.

어디까지가 정상적인 불안일까

그렇다면 내가 느끼는 불안이 정상인지 질병인지 간단하게 구분하는 방법은 없을까? 다행히도 많은 정신의학자가 비슷한 고민을 가지고 지금까지 연구해왔다. 그 결과 불안을 포함한 여러 정신 증상을 정신의학적 질병으로 진단하는 가장 중요한 기준을 도출해냈다. 바로 '그 증상으로 나 자신의 개인적, 직업적, 사회적 기능에 지장이 있느냐' 하는 것이다. 어떤 불안을 가지고 있더라도 일상생활을 하거나 다른 사람과의 관계를 지속해나가는 데 문제가 없고 학업적으로나 직업적인 역할에 문제가 없다면 그 불안은 정상 불안에 속한다.

"제가 자위행위를 너무 많이 하는 것 같아요."

한 청년이 처음 진료를 받으러 와서는 한참 다른 이야기를 하다 쭈뼛거리며 겨우 꺼낸 말이었다. 처음에는 이 친구가 왜 진료를 받으러 왔는지 도통 감이 잡히지 않아

잠은 잘 자는지, 식사는 하는지, 친구 관계는 어떤지, 학교는 잘 다니는지, 우울하지 않은지 하나씩 확인하던 중이었다. 보통 정신과 진료를 받으러 오면 무엇 때문에 힘들어하고 있는지 바로 이야기하는 편인데 뭘 물어봐도 딱히 문제랄 게 보이지 않았다. 혹시 신체적으로나 성적으로 학대를 당한 건 아닌지까지 조심스레 물어보는데 그제야 자위행위에 대한 불안을 털어놓았다.

이야기인즉슨 청소년기부터 시작해 대학생이 되어서까지도 자위행위를 자주 해왔는데 막상 주변을 돌아보니 자신만큼 하는 친구들이 별로 없더라는 것이다. 그때부터 덜컥 불안해져 '자위행위 중독은 아닐까', '이렇게 지내다가 정신적으로 변태가 되는 건 아닐까', '고환이나 전립선에 병이 있어서 성적 충동이 높은 건 아닐까' 하는 생각까지 하게 되었다고 한다. 처음에는 비뇨기과에 가서 진료를 봤는데 이상이 없어서 정신과에 찾아왔다고 했다.

오죽 괴로웠으면 정신과 진료까지 받으러 왔을까 싶었

지만 그렇다고 이걸 병적인 불안이라 판단하기도 애매했다. 우선 일상생활에 지장이 없었다. 자위행위를 너무 자주 해서 일상이나 학업, 친구 관계에 방해가 된다면 모르겠지만 오랜 시간을 뺏기는 것도 아니었기에 영향을 주진 않았다. 오히려 취업 준비를 위해 학점 관리도 잘해왔고 자격증도 여러 개였다. 가족 관계도 괜찮았고 많지는 않지만 같이 공부하고 고민을 나눌 친구들도 있었다. 물론 자위행위에 대한 고민을 가족이나 친구에게 말할 수는 없었는데 충분히 이해가 가는 대목이었다.

그나마 특징이라면 연애 경험이 없었다. 딱히 자존감이 낮거나 이성에 대한 불안이 있는 건 아니었다. 그저 아직은 연애를 할 여유가 없었다. 지금은 좋은 회사에 취업하는 게 우선이라 연애는 경제적으로나 시간적으로 사치라고 여기고 있었다.

요약하자면 이 청년의 불안은 '자위행위를 많이 하는 것이 문제일까' 봐서다. 이 불안은 정상일까, 문제일까?

청년에게는 정신과를 찾아올 정도로 심각한 불안이었지만 나는 이 불안의 본질이 자위행위 자체에 있어 보이지 않았다. 오히려 청년의 불안은 내가 문제인지 아닌지 확인받고 싶다는 마음에서 비롯한 것이 아니었을까? 일상생활이나 기능에 지장이 없는 불안의 영역에서라면 그 대답이 뭐든 간에 별 차이는 없었다.

"젊은 나이에 자위행위를 많이 하는 건 정상이고, 그만큼 건강하다는 거죠. 그러니 일반 남성보다 내 신체가 성적으로 더 건강하다고 자부하면서 살아도 되지 않을까요? 훗날 원하는 곳에 취직하고 나서 그 건강한 에너지를 사랑하는 사람에게 쏟는다면 오히려 장점이라고 봅니다."

나의 말에 청년은 다행이라는 듯 안도하고 돌아갔다. 하지만 만약에 잦은 자위행위가 문제가 될 수도 있으니 조절하라고 대답했어도 청년의 불안은 줄어들었으리라 생각한다. 기분은 좀 상할 수 있을 테지만.

물론 이 불안이 너무 과도해서 자학을 하거나 일상생활이나 이성을 포함한 대인 관계에까지 영향을 줬다면 이런 식의 조언이 아니라 치료적인 접근으로 다가가야 한다. 정상 불안이 아니라 병적 불안의 증상이기 때문이다.

나의 불안 상태 점검하기

불안을 평가하는 여러 설문 도구가 있다. 불안장애의 증상이나 심한 정도를 파악하기 위한 일종의 심리검사다. 다만 이런 평가 도구는 진료 목적으로 쓰이는 경우가 많아서 진료가 필요하지 않은 일상적인 불안까지 파악하지는 못한다. 그래서 진료용은 아니지만 일상의 불안과 병적인 불안을 구분할 수 있는 간단한 질문지를 만들어 봤다. 공식적인 검사는 아니기에 이 책을 읽는 데 참고용으로 삼아주면 좋겠다. '나는 현재 불안하다'라는 전제하에 답변을 시작하면 된다.

• 세 가지 질문에 답해봅시다.

❶ 불안의 내용이 구체적인가요? (Y/N)

　(부정적 환경, 돌발 상황, 자기 자신의 평가, 타인과의 관계 등)

❷ 불안해서 정서적으로 불편한가요? (Y/N)

　(신경 쓰임, 예민함, 짜증, 답답함, 우울 등)

❸ 불안이 정상적으로 일상생활이나 직업적, 사회적 생활
　을 할 수 없을 정도로 지장을 주나요? (Y/N)

　(수면, 식생활, 학업, 직업, 대인 관계 등)

• 답변에 따른 결과를 확인해봅시다.

(Y-Y-Y) 진료가 필요한 수준의 병적인 불안 가능성 높음

(Y-N-N) 자기 관리가 가능한 수준의 일상 불안 가능성 높음

(Y-Y-N) 자기 관리가 더 필요한 일상 불안 가능성 높음

(N-Y-N) 전문가 상담이 필요

(N-Y-Y) (N-N-Y) (Y-N-Y) 진료 권유

(N-N-N) 진료 불필요

*＿＿＿＿ 이 책이 도움을 줄 수 있는 영역

만약 세 가지 문항에 모두 YES라고 답한다면 진료가 필요한 병적인 수준의 불안이라고 할 수 있다. 병적인 불안은 더 이상 스스로 통제할 수 없고 시간이 갈수록 삶을 망가뜨린다. 그러니 혼자서 해결하려 시도하지 말자. 이 상황에서조차 정신과 진료가 불안하다고 회피한다면 그 것도 병적인 불안이다.

만약 불안에 구체적인 내용이 없다면(1번 NO) 불안은 있지만 막연한 불안이라는 건데 조금 더 복잡한 상황이다. 불안만이 아닌 다른 정서적인 영역도 고려해야 하기 때문이다. 막연한 불안의 기저에는 내가 마주하고 싶지 않은 무의식적 갈등이 숨어 있을 수 있고, 기분이나 생각의 문제가 불안을 만드는 경우일 수도 있다. 불안으로 정서적인 불편감이 없고, 정상적인 일상생활에 지장이 없다면(2번 NO, 3번 NO) 지켜봐도 된다. 하지만 정상적인 생활에 지장이 있다면(3번 YES) 진료를 통해 전문가와 함께 파악해볼 필요가 있다.

우리가 살펴볼 영역은 불안에 구체적인 내용이 있으면

서 정상적인 생활에 지장이 없는 경우다(1번 YES, 3번 NO). 즉 Y-N-N, Y-Y-N 이 두 가지 경우들이 구체적인 불안은 존재하나 그 불안이 일상생활에 크게 지장을 주지 않는 작은 불안 영역에 속한다. 이때 정서적 불편감이 없다면(2번 NO) 이미 스스로 잘 대처하고 관리하고 이용하고 있는 불안일 가능성이 높다. 반면 정서적 불편감이 있다면(2번 YES) 지금 느끼는 일상의 불안은 내가 아직 버거워하는 불안이다. 당장 해가 되진 않더라도 내 삶에 필요하지 않거나 불안을 관리하지 못하고 있다는 의미다.

불안은 땅굴을 파는 것과 같다. 땅굴은 들어가면 갈수록 어두워지고 좁아진다. 이처럼 불안을 쥐고 있다 보면 우리의 생각도 마치 좁은 땅굴 속으로 깊이 파고들듯 편협해져간다. 끝까지 파고 또 파다가 운 좋게 새로운 빛을 볼 수도 있겠지만 잘못된 길을 헤매다 보면 어느 순간 길을 잃고 결국 지쳐버린다.

우리는 대부분 사소한 불안에 취약하다. 더구나 불안

은 피하고 싶어도 지속적으로 찾아온다. 어차피 내가 '프로불안러'라면 불안에 자꾸 걸려 넘어지는 프로'불안'러보다는 불안을 잘 피하고 헤쳐나가는 '프로'불안러가 되는 게 낫다. 그리고 프로가 되기 위한 연습은 내 불안이 정확히 어떤 불안인지 바라보고 파악하고 구분하는 데서 시작한다.

과도한 걱정과 불안 때문에
일상이나 사회생활에 지장이 생긴다면
병원에서 진료를 받는 것이 좋습니다.

하지만 사소한 걱정이 많다고
무조건 병원에 가야 하는 것은 아니죠.

일상에 큰 영향이 없는 불안이라면
이 책에서 소개하는 불안 관리법을 통해
충분히 자신을 지킬 수 있습니다.

당신에게 도움이 되는
불안도 있다

뻔한 이야기지만 "지피지기면 백전백승"이라 했다. 불안도 마찬가지다. 불안을 잘 다스리고 이용하려면 나의 불안이 무엇인지 잘 알아야 한다. 불안 중에는 쓸모 있는 불안도 있고 괴롭기만 한 불안도 있다. 결론적으로 나에게 필요한 불안은 고민을 거쳐 처리하고 불필요한 불안은 무시하고 버려야 한다. 듣고 나면 단순해 보이지만 실행에 옮기려면 쉽지 않다는 것이 문제다.

실제로 환자들 중에 불안할 때는 무엇이 필요한 불안이

고 무엇이 무시해도 되는 불안인지 구분하기 어렵다고 토로하는 이들이 많다. 불안을 느끼는 순간에는 그 자체에 매몰되어서 모든 불안이 실체가 있게 느껴진다. 나에 관한 것이든, 남에 관한 것이든, 사소하든, 크든, 과거든, 현재든, 미래든 그 어떤 상황에서도 나는 불안할 수 있다.

그러면 나에게 필요한 불안과 필요하지 않은 불안은 어떻게 구분해야 할까? 나를 괴롭히는 것들을 과거, 현재, 미래순으로 정리해보는 것이 시작이다.

"선생님, 저는 사람을 만날 때면 너무 위축이 돼요. 모르는 사람 앞에서도 저에 관한 하나부터 열 가지가 다 신경 쓰여요. 제 외모, 얼굴 표정, 입은 옷, 걷는 자세, 행동까지도 다 사람들이 보고 있는 것 같아요. 이러다 사회생활을 영영 못하면 어쩌죠?

최근에는 직장에서 회의를 하면 너무 긴장을 해요. 발표라도 맡으면 전날에는 잠도 못 자고요. 한번은 발표 중에 머릿속이 하얘져서 버벅거리다 겨우 마무리한 적도 있어요. 그냥 앉아 있기만 해도 되는 회의에서조차 혹시 나에게 의견을 물어보지 않을까 불안해서 가만히 있기도 힘들 정도예요.

그러고 보니 어릴 때 아버지가 많이 엄하셔서 밥을 먹을 때도 지적을 많이 하셨어요. 잘못을 하거나 성적이 떨어지면 중학생 때까지 회초리로 종아리를 맞았어요…. 지금도 많이 예민하시긴 하지만 몇 년 전부터 제가 회사 근처로 독립을 해서 이제는 영향을 좀 덜 받아요."

진료실에서 만난 한 직장인이 이런 이야기를 털어놓았다. 이를 바탕으로 과거, 현재, 미래 상황을 정리해보면 다음과 같다.

- 현재+미래 다른 사람들의 시선이 너무 신경 쓰여서 앞으로 사회 생활을 못 할 것 같다.
- 현재 회사 회의에 들어가는 게 불안하다.
- 과거 엄한 아버지에게 많이 혼났다.

진료 상황이라고 가정한다면 이 각각의 영역 중 하나를 선택해 깊게 파고들어갈 수 있다. 첫 번째 영역인 현재+미래, 두 번째 영역인 현재, 세 번째 영역인 과거에 대해 해볼 수 있는 이야기를 정리하면 이렇다.

첫 번째 영역. "낯선 사람들이 나를 구체적으로 어떻게 바라볼 것 같으세요? 왜 사람들이 나를 그렇게 신경 쓴다고 느끼세요? 나도 다른 사람들을 그 정도로 신경 써서 바라보고 있나요? 그러면 구체적인 상황에서 다른 사람들이 나를 어떻게 바라볼지를 자세하게 생각해보고 실제로도 그럴지에 대한 가능성을 수치로 같이 매겨보죠."

두 번째 영역. "예전에도 회의에 참석할 때면 언제나 그렇게 긴장을 했었나요? 아니라면 잘 들어가던 회의에서 갑자기 불안을 느끼게 한 다른 요인이 있을까요? 회사에서 내가 맡은 일이나, 조직 체계나, 인사고과 등에서 최근에 변화가 생겼을까요?"

세 번째 영역. "불안의 가장 밑바탕에는 가혹한 아버지가 있는 것 같습니다. 일종의 트라우마죠. 해결되지 않은

트라우마는 어느 순간 훅 하고 올라와서 지금의 삶에도 영향을 줍니다. 마치 직장 사람들이나 낯선 사람들이 아버지의 시선으로 나를 바라본다고 느끼는 거죠. 과거에 얼마나 힘들었을지 같이 이야기하면서 그 트라우마를 함께 풀어가 봤으면 합니다."

자, 이제 여러분도 정신과 의사가 되었다고 생각하고 세 가지 중 어느 것부터 접근해볼지 고민해보자. 정답은 없다. 진료를 받는 이가 스스로 가장 힘들다고 느끼는 영역을 콕 집어 이야기해주면 좋겠지만 사실 자신의 문제를 제대로 알고 있기는 어렵다.

우선 첫 번째 접근은 낯선 사람의 시선을 두려워하는 사회공포증 치료 때 사용하는 인지행동치료를 담고 있다. 먼저 사람들과 과거에 겪은 상황이나 앞으로 일어날 일들을 떠올려본다. 그리고 그 상황에서 감정이나 생각, 반응 등을 구체적으로 나열해본 뒤 실제 그때의 내 인식이 얼마나 타당한지 현실 검증을 해봐야 한다.

두 번째 접근은 다소 겉을 훑는 것 같아 가벼워 보이지만, 이 사람이 현재 처한 상황에 초점을 맞추고 있다. 여러 불안 중에서도 지금 당장 일상생활을 하는 데 영향을 주는 구체적인 불안을 탐색해나가는 것이다. 최근 회사에서 변화가 있었는지, 그런 변화를 자신은 어떻게 느끼는지 등을 살펴본다.

마지막으로 세 번째 접근은 불안의 근본적인 배경을 찾아가고 있다. 환자도 성장 과정에서 아버지가 완고하고 가혹하게 훈육한 점을 자신의 불안과 연결해 이야기하기도 했다. 더 이야기하다 보면 아버지에게 인정받고 싶은 마음과 거절에 대한 두려움 등 양가감정이나 체벌 상황에서 비롯한 트라우마 등을 찾을 수도 있다. 아버지와 관련한 무의식 안의 갈등이 해결되어야 이런 사회적인 불안도 결국 나아질 수 있을 것이다.

이렇게 보면 세 가지 접근 모두 정답일 것 같다. 엄밀히 따지고 보면 다 정답이기도 하고 이론적 성향의 차이일 수도 있다. 그럼에도 내가 진료실에서 우선시하는 방향은 두 번째 접근이다. 출제자의 의도를 잘 파악하는 독자라면 느꼈겠지만, 지금 이 분류는 필요한 불안과 불필요한 불안을 구분하는 과정과도 일맥상통하기 때문이다.

'지금, 여기'에서
나를 가장 힘들게 하는 것은

〰️

내가 진료실에서 많이 사용하는 문구를 고르라고 한다면 아마 "Here & Now", 즉 "지금, 여기"가 압도적일 것이다. 나는 특별한 상황이 아니면 이 '지금, 여기'의 상황을 벗어나지 않으려 의식적으로 노력한다. 환자와 처음 만나는 상황이라면 더욱 그렇다. 앞서 언급한 환자의 이야기를 들으면서도 머릿속에 자리 잡는 궁금증은 이거다. 왜 지금 이 순간, 여기 이 정신과 진료실을 찾아왔을까?

아버지에 대한 트라우마는 과거부터 있어왔다. 조용하던 아버지가 지금 다시 가혹하게 난리를 치는 상황도 아니다. 사회적 불안의 배경에 아버지라는 주제가 존재하는 것은 분명해 보인다. 하지만 초면에 개인적으로 부끄러울 수 있는 과거의 이야기, 그것도 트라우마에 관해 이야기하는 것은 누구에게나 부담스럽다. 아무리 스스로 찾아왔다고 하지만 아직은 서로 신뢰가 충분히 쌓이진 않았기 때문이다. 그러니 '지금, 여기' 현재 진행형 불안이라고 접근하기에는 부적당하다.

사람들의 시선을 의식하는 점은 지금도 힘들겠지만, 그로 인해 당장 무슨 일이 벌어지는 것은 아니다. 위축되긴 하지만 일상생활에 분명하게 지장을 주는 것처럼 보이지도 않는다. 그리고 이런 상황을 하나하나 나열하면서 파악하고 대처 방법을 찾아가려면 밤을 새워도 모자라다. 그러니 이것도 '지금, 여기'에 해당하는 불안이 아니다.

그런데 회사 상황이라면 다르다. 30대 초반에 직장에서 받는 평가는 지금은 물론이거니와 앞으로의 삶에 큰 영향을 미친다. 당장 회의에서 긴장해서 실수라도 한다

면 사회생활에 꽤나 타격이 있다. 이 영역은 '지금, 여기'
에 해당하는 불안이다.

'지금, 여기'라는 개념은 타격감과 대처 가능 여부에
대한 영역으로도 확장할 수 있다. 즉 불안을 그대로 두었
을 때 '지금, 여기'의 상황에서 나에게 끼치는 영향력이
어느 정도인지, '지금, 여기'에서 그 불안을 대처할 수 있
는 방법이 있는지를 생각해봐야 한다.

불안의 타격감은 실질적으로 현재現在(현재의 한자 뜻 역
시 '지금 여기 있는 곳'이다)의 불안이 나에게 미칠 영향력을
뜻한다. 타인의 시선에 대한 불안을 생각해보자. 모르는
사람이라면 나에게 영향력은 별로 없다. 불안이 현실이
되더라도 타격감이 약한 셈이다. 하지만 내가 잘 아는 친
구라면, 마음이 가는 이성이라면, 직장 상사라면 불안의
영향력과 타격감은 점점 더 커진다. 작은 불안이라 하더
라도 이 타격감에 따라 적극적으로 대처해야 할지 아니
면 어느 정도 무시해도 될지에 대한 방향도 정해진다. 즉

타격감이 강한 불안이라면 필요한 불안이고 타격감이 약한 불안이라면 불필요한 불안이 된다.

불안에 대한 대처 방법 유무 역시 '지금, 여기'의 상황에서 필요한 불안과 불필요한 불안을 구분하는 주요 잣대다. 아무리 현재 진행형인 데다가 타격감까지 강한 불안이라 하더라도 당장 마땅히 대처할 방법이 없다면 이 역시 불필요한 불안이다. 현재 대처할 방법이 없는 불안은 더 이상 어쩔 수 없는 불안이다. 이미 일어나기로 결정된 영역이다. 쥐고 있으면서 어떻게 막을지 고민할 것이 아니라, 받아들이고 이제부터 어떻게 할지 고민해야 한다.

이미 대학 병원 정밀 검사에서 암 진단을 받고도 '암이 정말 맞나?' 하고 불안해하는 사람들이 있다. 암에 걸린 것 자체는 이제 더 이상 어찌할 수도 없는 현실인데 여전히 암 진단에만 불안이 꽂혀 있는 경우다. 실제로 이런 불안이 있는 환자는 서울의 대형 병원을 다시 찾아가서 재검사를 하며 시간과 돈을 낭비한다. 불필요한 불안이 불필요한 대처를 낳는다. 이럴 땐 암 진단에 대한 불안은 받아들이고 차라리 앞으로 치료를 잘 받을 수 있을지를 불안해하며 여기에 대한 대처 방법을 찾아야 한다. 이 역시 '지금, 여기'의 불안이다.

이렇게 필요한 불안과 불필요한 불안을 구분하기 위해서는 '지금, 여기' 불안의 상황이 어느 시점에 있는지, 그 타격감은 얼마나 되는지, 대처 방법은 있는지 파악해야 한다. 필요한 불안이라고 결론을 내렸다면 내가 적어도 '지금, 여기'에서 쥐고 씨름을 해도 되는 불안이라는 말이다. 지금까지 이야기한 걸 보면 지피지기면 백전백승까지는 아니더라도 지피지기면 싸울 가치가 있는 불안을 찾을 수 있을 것 같다. 싸움에서 이길 방법을 찾는 건 적어도 그다음 일이다.

모호한 불안을
구체적인 불안으로 바꾸자

〜

자, 다음의 이야기를 내가 처한 상황이라고 생각하고 '지금, 여기'의 관점에서 불안을 정리해보자.

자려고 누웠는데 머릿속이 복잡하다. 오늘은 꽤 버거운 날이었다. 그간 미뤄온 일들을 처리한다고 평소보다 늦게 퇴근했는데 아직도 일이 남았다. 내일 아침에 중요한 일정이 있어서 일찍 일어나야 한다. 밀린 일은 그 일을 마친 뒤 틈을 내서 해야 할 것 같다.

그러고 보니 낮에 오랜만에 옛 친구에게서 연락이 왔다. 같이 아는 다른 친구가 큰 병에 걸려 치료를 받고 있고 얼마나 살 수 있을지 모른다는 소식이었다. 순간 가슴이 덜컥 내려앉았다. 친구에 대한 걱정도 걱정이지만 당장 내 건강도 신경이 쓰였다. 최근 몸 컨디션이 좋지 않았다. 피곤하기도 하고 속도 많이 쓰렸다. 병원에 가봐야지 하면서도 차일피일 미루고 있었는데 친구가 아프다고 하니 나에게도 큰 병이 있는데 놓친 건 아닌가 싶다.

생각은 꼬리에 꼬리를 물며 평소 몸을 돌보지 않는 자신이 원망스러워졌다. 진작에 남들처럼 술도 담배도 끊고 운동도 챙겨가면서 해야 했다. 어느새 뚱뚱해져버린 모습을 보자니 뭘 위해서 열심히 사는 건가 싶다. 문득 젊은 시절 좀 더 나를 위해 살았어야 한다는 후회감이 밀려온다. 아, 내일 해야 할 일이 산더미인데 쓸데없는 생각에 사로잡혀 잠도 못 자고⋯ 지금의 내 자신도 답답하다.

이런 상황이라면 '지금, 여기'에서 가장 절실한 불안은 뭘까? 여러 종류의 불안이 혼재하지만 마지막 문장에 있는 '불면'이다. 심지어 내일 아침에는 중요한 일정도 있고 낮에는 밀린 일로 쉴 틈도 없다. 오늘 밤에 잠을 제대로 못 자면 내일 고생할 것이 뻔하다. 대처 방법은 불필요한 불안에 대한 생각을 무시하는 거다. 물론 이것도 쉽지는 않지만 이 방법은 앞으로 구체적으로 다룰 예정이다.

필요한 불안이라면 내일 해야 할 일에 대한 불안이다. 만약 이런 불안이 계속돼서 잠이 안 오면 내일 일정을 정리해두거나 급한 일은 해놓고 자는 게 낫다. 건강에 대한 불안도 필요한 불안일 수 있다. 당장은 아니지만 미래에 실제로 타격을 입을 수도 있다. 이럴 땐 큰 병에 걸리면 어떡하지 하고 막연히 걱정하기보다는 차라리 바로 건강검진을 예약하거나 그간 미뤄온 병원 진료를 받는 게 낫다.

가장 쓸데없는 건 과거에 대한 후회다. 술, 담배도 하고 먹고 싶은 거 다 먹으면서 이미 잃어버린 건강을 후회하는 것만큼 미련한 짓도 없다. 불필요한 불안이라는 이야기다. 차라리 그 불안을 '지금, 여기'의 불안으로 바꿔서 어떻게 하면 앞으로 건강한 생활을 해나갈지 고민해보자. 이제부터라도 건강한 식단을 짜보고 규칙적으로 할 수 있는 운동을 찾아보자. 때론 불필요한 불안이 끊임없이 나를 괴롭힐 때 그것을 필요한 불안으로 살짝 바꿔서 대처함으로써 해결이 될 때도 있다.

정신과 진료실에서는 막연한 이야기를 가장 경계한다.

주치의가 환자의 증상을 구체적으로 파악하지 않으면 어설프게 추측하게 되고 당연히 치료 방향도 산으로 간다. 불안도 마찬가지다. 필요한 불안과 불필요한 불안을 구분하는 과정은 모호한 불안을 '지금, 여기'라는 원칙 위에 구체적인 불안으로 바꾸는 과정이다. 모호한 불안에는 압도되지만 구체적인 불안은 대처를 하면 된다는 점을 기억하자.

오늘도 크고 작은 걱정들 때문에
잠을 설쳤다면 '지금, 여기'를 기억하세요.

지금, 여기 나에게 가장 타격을 줄
한 가지의 걱정만 남겨놓는 겁니다.
그리고 이 걱정을 현실적으로
해결하는 데만 집중해봅시다.

당장 나에게 피해를 주지 않고
내가 해결할 수 없는 불안은
무시할 필요도 있습니다.

실수할까 봐,
인정받지 못할까 봐

'저 사람 표정이 왜 저렇게 안 좋지?', '내가 방금 말실수했나?'라며 별것도 아닌 일에 신경 쓰고 나 혼자만 피곤하게 사는 것은 아닌지 종종 의문이 들 때가 있다.

물론 불안은 당신만의 문제가 아니다. 작은 문제에 집착하고 씨름하며 사는 건 당신뿐 아니라 정신과 의사인 나도 마찬가지라는 걸 이미 언급한 바 있다. 심지어 지금이 글을 쓰고 있는 순간에도 원고를 몇 번이나 고치고 다시 쓰기를 반복했는지 모른다. 얼른 쓰고 넘겨줘도 될 원고를 내가 불필요하게 붙잡고는 시간을 끌고 있으니 편집자도 제대로 말은 하지 못하고 마음 졸였으리라. 그리고 나는 원고를 얼른 주지 못하면서도 상대방의 마음에 상처를 줄까 봐, 내가 밉보일까 봐 불안하다. 이렇게 우리는 작은 불안을 공유하고 있다.

작은 실수도 용납하지 않는 분위기가 있다

하나의 사회, 하나의 시기에는 그 시대의 불안이 있다. 우리는 사회 안에서 서로 유기적으로 연결되어 있다. 우리가 지금 이 시대에 공유하는 불안은 사소한 것에 마음 졸이는 작은 불안이다. 자연재해나 전쟁처럼 목숨을 위협하는 거대한 불안이 아니라는 점에서 '작은'이라는 말을 붙였을 뿐 당사자에게는 그 크기가 결코 작지 않을 것이다. 그렇다면 이렇게 작은 불안이 만연해진 이유는 무엇일까?

사회가 언젠가부터 높은 목표를 추구하면서 고도로 상향 평준화된 것이 원인일 수 있다. 요즘에는 프로나 아마추어 할 것 없이 다들 뭐든 너무 잘한다. 최근에 인터넷에서 1990년대 방송을 보고 꽤나 신선한 충격을 받았다. 공중파 생방송 토론 프로그램이었는데 중간중간 아나운서의 진행이 매끄럽지 못한 장면이 꽤 많았다. 지금과 비교하자면 어설퍼 보일 정도였다. 지금은 아마추어도 상당한 퀄리티를 보여주는 시대이다 보니 실수 하나도 치명적인 것처럼 보인다. 그래서 남들은 모르는 작고 사소한 것까지 걱정의 범주에 넣으면서 완벽주의에 빠지게 된다.

게다가 SNS의 유행으로 '보여지는 나'가 중요해지면서 내가 실수한 것 자체보다 남들에게 '실수한 나'가 보여지는 걸 더 걱정한다. 완벽주의의 기준이 '나'라면 어느 정도 허용하는 부분도 생길 텐데 '타인의 평가'가 기준이 되다 보니 그 높은 선을 맞추기가 어렵다. 그러니 과도하게 남의 눈치를 보고 타인의 인정에 목을 매는 것이다.

얼마 전 나를 찾아온 한 청소년은 평소 혼자서 아이돌 안무를 따라 하곤 했는데 학교 장기 자랑 시간에 다른 아이들이 아이돌 안무를 수준급으로 잘 춰서 자신은 아무것도 할 수 없었다고 했다. 한데 알고 보니 그 친구들은 전문적으로 댄스 학원을 다니고 있었다며 자신도 학원을 다녀야 할 것 같다고 했다. 타인에게 보이는 상황에서는 모두가 완벽하게 하는 것처럼 느껴지니 나 역시 좇아가지 않을 수 없는 것이다.

우리 안에
완벽주의가 자리 잡은 이유

이 완벽주의는 어디에서 형성되었을까? 나라가 사회경제적으로 안정되면서 부모님은 아이들에게 안정된 환경을 만들어주려 애썼다. 혼자서 알아서 크기보다는 부모님과 선생님의 돌봄 속에 컸다. 어른들이 돌봐주는 환경에서는 돌발 상황도 적고 큰 상처를 입을 일도 드물었다. 모르는 게 있거나 힘든 일이 있으면 어른들에게 도움을 요청할 수 있었다. 대신 부모든 선생님이든 어른들이 제시한 기대치를 맞추기 위해 노력했고 그렇게 하니 나름의 성과도 있었다.

그런 환경 속에서 자라다 보니 어느샌가 어른들의 기대치가 자신의 기대치가 되어 있었다. 맞추다 보니 기대치는 점점 높아져만 갔다. 학교에서는 좋은 성적을 받기 위해 애썼고 친구들과도 무리 없이 잘 지내려고 했다. 대학은 모두가 가야 하는 목표이고 필요하다면 재수, 삼수를 해서라도 나쁘지 않은 대학에 갔다. 대학 초반부터 취직하는 데 도움이 될 스펙을 쌓았고 일부는 대학원에 가서 석사나 박사 학위를 따기도 했다. 취직을 하고 연애도 하고 가정을 꾸리기도 한다.

물론 그 가운데 크고 작은 어려움이나 상처도 있지만 나름 열심히 여러 기대치를 채우며 살아왔다. 완벽하지는 않더라도 완벽을 추구하려 끊임없이 노력했고 주변을 보니 다들 나만큼 치열하게 사는 것 같다. 열심히 살지 못하면 사회적인 성공도 멀어질 것 같다. 그렇게 우리는 '완벽주의'라는 강박을 안고 살고 있다. 앞선 사례를 통해 이러한 완벽주의가 형성되는 과정을 다음과 같이 정리해 볼 수 있다.

❶ 사회·경제적으로 안정되어 있다.

❷ 성장하면서 어른들에게 안정된 돌봄을 받았다.

❸ 어른들의 적절한 기대가 있고 그 기대치를 성취하며 인정을 받아왔다.

❹ 성장하면서 어른들의 기대치를 나의 기대치로 받아들이고 추구해간다.

❺ 내재된 타인의 기대치를 지속적으로 성취하고 인정받으면서 완벽주의적 성향이 강화된다.

이렇게 완벽주의를 추구하는 기저에는 누군가의 기대치를 맞추려는 욕구가 있다. 부모님이든, 선생님이든, 친구든, 상사든, 직장이든, 사회든 기대치를 드러내는 주체는 다양하다. 완벽주의의 핵심은 꼼꼼함이다. 중요한 일을 잘하는 것은 당연하고 나아가 남들이 놓칠 수 있는 세세한 일까지 잘해야 한다. 그 작은 영역에서까지 기대치를 맞추려는 노력은 작은 불안으로 연결된다. 그렇게 작은 기대치까지 맞춰냈을 때 우리는 나나 타인에게 완벽하게 인정받을 수 있고 사회적으로도 성공할 수 있다고 생각한다.

결국 내가 신경 쓰고 있는 이 작은 불안은 나만의 불안이 아니다. 작은 기대치까지 누군가의 인정을 향해 지속적으로 달려나가는 우리 사회, 우리 시대, 우리 세대의 불안인 셈이다. 내가 이 불안을 놓칠 때 주변 사람들은 이 불안을 챙기고 있고 그러면 결과적으로 나는 경쟁에서 뒤처진다.

누군가는 완벽함을 채우지 못해 생기는 작은 불편함을

삼켜 넘기기도 한다. 그렇지만 대다수의 우리는 이제껏 그 작은 불안들을 쥐고 살았기에 놓는 것 자체가 불안이다. 놓는 순간 나에게나 주변으로부터 인정을 못 받고 실패할 것 같기 때문이다. 불안을 성공적으로 관리하지 못하면 이 시대의 사회적인 성공도 멀어진다. 그러니 더 치열하게 이 작은 불안을 붙잡는다. 나도, 너도, 우리도 말이다.

Dr. Lee's Solution

실수하면 큰일이 날 것 같고
디테일한 부분까지 완벽해야 한다는
강박과 불안이 있습니까?

당신만의 문제는 아니에요.
우리 사회가 상향 평준화되면서
작은 실수도 크게 도드라져 보이기 때문인데요.

'나 왜 이렇게 예민하지?'라는 생각보다는
늘 그래왔듯 잘해내고 싶고
인정받고 싶은 마음에
완벽을 추구하게 된다는 사실을
자연스럽게 받아들여봅시다.

불안을
잘 관리할 수 있다면

지금 우리 사회는 '자존감'을 특히 강조한다. 열풍이라도 불러도 될 정도다. 자존감을 주제로 한 다양한 책이 출간되고 유튜브에서도 자존감을 높이는 강연을 쉽게 찾을 수 있다. 나를 찾아오는 분들도 "자존감이 무너졌어요", "자존감에 상처를 입었어요"라고 토로하며 자존감 저하를 주된 방문 이유로 꼽는다. 누구나 자존감을 보호하고 높이고 싶어 한다.

그런데 막상 자존감이 뭔지 설명하려고 하면 어렵다.

자기 존중감이라고 하는데 막상 그 말도 와닿지 않는다. 자존감이 타고나는 것인지 살면서 키워가는 것인지도 잘 모르겠다. 아이가 자존감에 상처를 입었다고 하는 걸 보면 타고나는 것 같고, 자존감을 높이고 싶다는 말을 들으면 성장하면서 쌓여가는 것 같기도 하다. 자존심, 자만심, 자신감, 자기애 등 비슷한 단어도 많지만 어감이 상당히 다르다. 이 단어의 뜻을 정확하게 구분하고 정의 내리기도 쉽지 않다.

이 책에서는 자존감 self-esteem과 자기애 narcissism를 함께 다루고자 한다. 우선 자존감은 '내가 나를 바라보는 마음'이다. 반면 자기애는 '내가 남을 통해 나를 바라보는 마음'이다. 둘 다 내가 나를 바라본다는 점은 같지만, 평가하는 매체가 다르다. 자존감은 내가 나를 평가하고, 자기애는 남을 통해 나를 평가한다. 자존감이 스스로 만족하면서 살아가는 힘이라면, 자기애는 타인의 인정을 받으면서 살아가는 힘이다. 자존감과 자기애는 유기적으로 연결되어 있다. 자존감이 건강하면 자기애도 건강해지고, 자기애가 건강하면 자존감도 건강해진다.

자존감과 자기애 중에 뭐가 더 중요한가를 물어보면 복잡해진다. 굳이 따진다면 자존감이 기본이 된다. 자존감과 자기애를 사랑에 대입해본다면 자존감은 내가 나를 사랑하는 마음이고, 자기애는 남이 나를 사랑해주길 바라는 내 마음이다. 내가 나를 사랑하지 않는데 남을 통해 사랑받는 것이 무슨 소용이겠는가. 자존감이라는 바탕 없이 자기애만 있는 사랑은 내가 가진 것 없이 남에게만 의존하려 한다. 이런 병적인 자기애는 결국 자신과 상대를 망가뜨린다. 건강한 자기애를 위해서는 건강한 자존감이 필수다. 그러니 내 마음의 기본은 자기애보다는 자존감이다.

자존감은 내가 정체성의 중심을 이루면서 나를 통해 나를 바라본다. 타인이나 사회와의 관계 속에서도 기준은 나에게 있다. 그 과정에서 긍정적인 에너지가 쌓이면 자존감은 점차 단단해진다. 반면 자기애는 나의 정체성

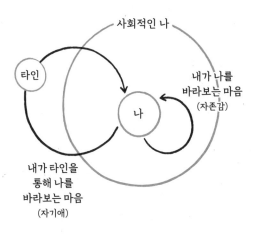

을 주변으로 확장해나가려 한다. 타인의 시선에서 내가 인정받고 돋보이기를 원하기 때문이다. 자기애는 내가 남을 통해 나를 바라보기에 이 과정에서 타인의 마음을 읽는 힘이 필요하다. 일종의 공감이고 눈치다. 이를 통해 타인의 인정이 쌓이면 자기애는 넓어질 수 있다.

인정받고 싶은 마음 때문에
불안이 커진다

〜

불안의 영역에도 자존감이 있고 자기애가 있다. 일종의 '자존감적 불안'과 '자기애적 불안'이다. 자존감적 불안은 근원적인 불안으로 자기정체성을 위협한다. 이런 불안은 모든 것이 다 불안하다. 큰 불안과 작은 불안이 혼재하는데 작은 불안은 눈에 들어오지 않는다. 당장 큰 불안만 대처하기에도 급급하기 때문이다.

이런 불안이 해결되지 않고 터지면 내가 입는 타격은 심각하다. 굳이 비유한다면 아이의 시야에서 갑자기 엄마가 보이지 않는 상태와도 같다. 어린아이에게 자신과 엄마는 동일한 존재다. 아이는 엄마를 통해 사랑과 돌봄을 받으면서 자존감을 형성해가는데 늘 옆에 있던 존재가 눈앞에 보이지 않으니 얼마나 불안할까. 그래서 자존감적 불안이 높은 사람은 내가 나를 지키는 데 급급하다.

반면 자기애적 불안은 사회적으로 더 인정받고자 하는

열망에서 비롯하는 불안이다. 핵심적인 자기정체성은 형성되어 있지만 나의 정체성을 사회적으로 확장하고 싶은 욕심 때문에 불안이 만들어진다. 그러니 큰 불안보다는 작고 사소한 불안이 더 많다. 이런 불안은 내 자존감 밖의 영역이라 설령 불안이 터지더라도 사회적 타격은 있을지언정 나 자신은 지켜낼 수 있다.

마치 아이가 좀 더 커서, 당장 눈에 보이지 않더라도 어디선가 엄마가 나를 돌봐주고 있다는 믿음이 있는 상태로 볼 수 있다. 마음에 안정감이 있으면서도 혼자서 눈에 보이는 새로운 자극을 체험한다. 그 와중에 화들짝 놀랄 만한 일이 생기면 다시 엄마 품으로 가면 된다. 혼자서도 잘하지 못한 것이 아쉬워 실망하며 돌아와서는 짜증을 부리지만 이내 다시 나간다. 이 엄마 품 밖의 공간이 타인과 사회의 시선이다. 그래서 자기애적 불안이 높으면 조금이라도 더 인정받기 위해 전전긍긍한다.

오늘 거래처 미팅에서 말실수를 한 건 아닐까 하는 불

안이나 나 때문에 프로젝트가 실패하는 건 아닐까 하는 불안처럼 이 책에서 다루고자 하는 불안은 자존감적 불안이라기보다는 자기애적 불안이다. 이 불안의 특징은 내가 챙기지 못한다 해도 당장 자기 존재가 무너져 내리지 않는다는 점이다. 사회적인 내가 타격을 받을 뿐이다. 사회적으로 더 인정받고 성공하기 위해서는 이 자기애적 불안을 잘 다스리고 관리하고 극복하면서 사회적인 영향력을 넓혀나가야 한다.

그런 측면에서 지금 우리 사회는 자존감을 넘어서 자기애를 추구하는 시대다. 지금 20~30대는 대부분 어릴 적부터 어느 정도의 자존감을 가지기 수월한 편이었다. 안정적인 환경에서 기본적인 사랑과 돌봄을 받으며 컸기 때문이다. 그렇게 형성된 자존감을 바탕으로 사회적인 나를 더 확장하고 싶은데 그게 쉽지 않다. 나를 벗어나서 타인의 시선과 기대치를 맞춰야 하기 때문이다. 아이가 학교에서 자존감에 상처를 입었다고 말하는 상황도 구체적으로 들여다보면 자존감을 자기애로 확장해가는 과정에서 좌절하며 생긴 상처인 경우도 많다. 이런 상처는 자기애를 만들어나가기 위한 시행착오이기도 하기에 무조건 피하는 게 능사도 아니다.

보통 자기애라고 하면 나르시시즘이나 자기애성 성격장애를 떠올리며 부정적으로 생각하기 마련이다. 이런 부정적인 자기애는 자존감이라는 기반 없이 나의 만족을 타인의 만족으로 채우려는 병적인 자기애다. 반면 건강한 자기애는 안정된 자존감을 바탕으로 끊임없이 타인에게 인정받기 위해 노력해가면서 만들어진다. 건강한 자기애는 자연스레 사회적인 성취로 이어진다. 그래서 사회적으로 성공한 사람의 내면에는 건강한 자기애라는 동력이 있다. 작은 불안을 붙잡고 사는 우리는 모두 건강한 자기애를 만들려고 애를 쓰는 중인 것이다.

우리가 주로 느끼는 불안은
'나는 누구인가'처럼 정체성과 관련한
근원적인 불안은 아닙니다.

남들에게 인정받지 못할까 봐
성공하지 못할까 봐 두려워하는
표면적 불안에 가깝습니다.
이를 '자기애적 불안'이라고 합니다.

자기애적 불안은 잘 소화해내기만 한다면
사회적인 성취로 이어지는
건강한 감정입니다.

PART 2

사소한 일에 멘탈이 부서지는 중입니다

만성불안러에게 필요한 걱정 끊기 훈련

이메일 하나 보내는 데
에너지를 다 써요

'꼼꼼함이 생명인데 이런 실수를 하다니.'

'난 여기에 있을 자격이 안 돼.'

'팀에 민폐가 될 바엔 차라리 퇴사할까?'

5년 넘게 은행에서 근무하고 있는 해원 씨는 실수를 할 때마다 자괴감에 빠진다. 특히 이메일 업무에 대한 강박이 심한데, 이메일을 보낼 때 일정을 잘못 표기하거나 수신자를 잘못 선택했을 때는 아직 발송한 것도 아닌데 '너 지금 뭐하는 거야!'라고 속으로 외치며 스스로를 과도하게 꾸짖는다. 그러다 보니 10분이면 끝낼 간단한 업무 메일도 거듭 확인하고 사소한 부분까지 고치느라 한 시간을 매달리기도 한다. 숫자 하나만 잘못 기재해도 큰 사고로 이어지는 업의 특성 때문이기도 하겠지만 기본적으로 업무에 대한 강박이 심한 스타일이다.

나를 찾아온 해원 씨에게 실수는 누구나 할 수 있는 것 아니냐고 반문했지만 그의 업무 기준은 꽤 높아 보였다.

"이메일 업무는 완전 기초인데 5년 차가 그런 실수를 하면 안 되는 거잖아요."

이렇게 실수에 통상적인 수준보다 예민하게 반응하는 경우에는 트라우마가 원인일 수 있다. 나는 혹시 예전에 이메일과 관련한 일 때문에 호되게 당한 적이 있는지 물어봤다.

"1년 차 때 대리님에게 보낼 메일을 차장님에게 보낸 적이 있어요. 동명이인이었거든요. 다행히 차장님이 친절하게 말씀해주셔서 넘어갔지만 순간 '이런 기본적인 실수를 하다니 나 완전 최악이다'라는 생각이 들었어요. 차라리 실적 가지고는 스트레스가 덜해요. 실적이나 고객 서비스 평가는 보완해나가면 되는데 전화나 메일로 실수하는 건 수습이 안 된다는 생각에 견디기 힘들더라고요."

이미 상당한 시간이 흘렀을 일인데도 해원 씨는 마치 얼마 전 경험한 것처럼 이야기했다. 아마 이메일을 보낼 때마다 그때의 실수를 곱씹었으리라. 물론 그런 실수를 두 번 다시 하지 않기 위한 대책이었겠지만 이후에는 이메일 관련 실수를 한 번도 하지 않았음에도 여전히 트라우마에서 벗어나지 못한 채 자신에게 가혹했다.

타인의 시선 때문에 자신을 가혹하게 대하는 건 해원 씨만의 일이 아니다. 공황장애로 찾아와 이제는 꽤 증상도 좋아진 한 환자는 어느 날 인생이 망한 것 같은 표정으로 급하게 나를 찾아왔다. 한창 직장에서 일을 하고 있어야 할 시간이었다.

이야기인즉슨 사내에서 조직한 TFT에 합류해 일을 해나가는 도중 리더가 몇 가지를 지적하자 그 순간 공황발작이 찾아와 도저히 견디지 못하고 사무실을 뛰쳐나왔다는 것이었다.

"제가 팀의 구멍이 된 것 같은 느낌이 드는데 갑자기 심장이 미친 듯이 뛰기 시작했어요"라며 괴로워했다. 진료를 받고 뒤늦게 회사로 복귀했는데 당시 그는 회의 도중 공황발작으로 뛰쳐나간 모습을 상사와 동료 들이 어떻게 봤을지를 가지고도 꽤 힘들어했다.

20~30대 중에서 이처럼 사소한 실수임에도 '나는 이 회사의 구멍이야', '나 혼자 평균을 깎아먹고 있어'라고 생각하며 자신을 몰아세우는 사람이 의외로 많다. 기성세대가 생각하는 요즘 애들이라고 하면 책임감 없이 직장 생활을 하는 모습을 떠올리겠지만 오히려 속마음은 타인의 시선을 의식하며 그에 맞추려는 이들이 훨씬 많은 것이다. 이들에게서는 완벽해야 한다는 강박사고가 보인다. 자신의 모습이 이 강박사고에 부합하면 괜찮지만 그러지 못하면 자신을 하등 쓸모없는 존재처럼 대한다는 것이 문제가 된다.

내가 혹시 신경증적 완벽주의?

~~~

　해원 씨가 이처럼 작은 실수에도 본인을 가혹하게 몰아세우는 이유는 완벽주의 성향과 완전히 확립되지 않은 자신의 정체성이 맞물린 결과일 수 있다. 정체성을 뜻하는 아이덴티티^{identity}는 'identitas'라는 라틴어에서 유래한 단어로 '그것의 자기 자신'이라는 뜻이 있다.

　그러니까 '정체성이 뚜렷하지 않다'라는 말은 곧 '그것의 자기 자신이 아니다'가 될 수 있다. 해원 씨 상황에 빗대어 설명하면 '아직 은행원으로서의 자기 자신이 아니다'라고 할 수 있다. 앞서 사무실에서 갑자기 뛰쳐나왔다는 청년 역시 자신을 회사의 구성원은커녕 구멍으로 인식하고 있다. 이렇게 되면 누구라도 불안감이 생길 수밖에 없다. 이 팀 구성원으로서의 존재가 미약하다는 뜻인데 얼마나 초조하고 불안하겠는가.

　그렇다면 완벽주의는 어떤 영향을 미칠까. 우리가 완벽주의의 함정에 빠지는 가장 큰 이유는 완벽하다는 기준을 객관적인 지표가 아닌 내 느낌에 두는 경우가 많기 때문이다. 5년 차 정도에 이메일 업무에서 실수를 하면 안 된다는 말은 얼핏 들으면 객관적인 평가 기준처럼 들리지만 자세히 들여다보면 과하게 형량을 매긴다는 인상을 지울 수가 없다.

수신자를 잘못 표기한 것은 4년 전 일이지 최근에는 그럴 뻔했을 뿐 아무 실수도 저지르지 않았다. 하지만 계속 이메일을 보낼 때마다 불안하다면 내가 나를 바라보는 자존감과 타인을 통해 나를 바라보는 자기애가 동시에 낮아져 정체성 확립에도 좋지 않은 영향을 미칠 수 있다.

'이곳의 자신'이 되어야 하는데 자기가 하는 일이 행여 잘못되진 않을까 실수만 감시하고 있으니 언제 적응하고 마음 편히 일을 해나갈 수 있겠는가. 만약 해원 씨처럼 입사한 지 5년이 지났음에도 일을 진행하는 데 전전긍긍이라면 신경증적 완벽주의를 점검해보는 것이 좋다.

완벽주의를 체계적인 이론으로 정립한 심리학자인 돈

해머체크^{Don Hamachek} 박사는 완벽주의를 '정상적인 완벽주의'와 '신경증적 완벽주의'로 나누었다. 여기서 신경증이란 특정 상황에서 불안이 병리적인 증상 수준으로 나타나 일상에 지장을 주는 상태를 의미한다.

정상적인 완벽주의는 과정과 결과에 스스로 만족한다. 그러면서 완벽해야 한다는 생각에서도 점차 벗어난다. 하지만 신경증적 완벽주의는 애초에 도달할 수 없는 기준을 정해놓고 여기에 도달하지 못하면 자신을 몰아붙이도록 만든다. "나는 구멍이야", "나는 자격 미달이야"라는 식의 자존감을 낮추는 언행을 일삼는 것도 이 때문이다. 여기에서의 핵심은 내가 애초에 도달하지 못할 목표를 설정했다는 데 있다.

결과보다 과정에 자신을 두어라

어떻게 해야 해원 씨의 신경증적인 완벽주의를 정상

범위로 만들 수 있을까.

첫째, 자신이 설정한 높은 기준을 의식적으로 70~80퍼센트까지 낮추는 것이 중요하다. 100퍼센트의 완성도는 5년 차가 아니라 50년 차라고 해도 도달하기 어렵다. 100퍼센트의 성공률이 판타지 속 유니콘 같은 성취임을 인정한다면 '실수할 뻔했던 나'에게 조금은 관대해질 수 있을 것이다.

목표치를 낮추기가 불안하다면 목표의 기준을 일의 완성도가 아닌 일에 사용한 시간에 두는 것도 도움이 된다. 완성도를 기준으로 삼으면 '조금만 더…' 하는 마음에 기한을 넘기고도 할 일을 계속 떠안고 있는 문제가 생긴다. 대신 일할 시간을 정해두고 그 시간 안에 어떻게든 마무리한 후 조금 부족하더라도 일단 제출해보는 것이다. 그 이후에 피드백이나 수정 요청이 오면 그때 빠르게 보완하면 된다. 전체적인 프로세스를 고려할 때도 개인이 완성도를 높이느라 끙끙대며 시간을 지체하는 것보다 일정을 지켜 일을 진행시키는 것이 더 중요할 수 있다.

실제 이 방법은 입시를 치를 때도 유용하다. 수능 시험을 치거나 실기 시험을 칠 때 완벽주의는 과정에 너무 집착을 하다 결국 문제를 다 못 풀거나 작품을 완성하지 못하게 한다. 차라리 부족하더라도 어떻게든 정해진 시간 안에 1차로 완성해놓고 이후 미흡한 부분을 수습하는 방법이 실전에서는 유용하다.

둘째, 완벽주의자보다 '비커밍주의자'가 되어보는 것도 도움이 된다. 완벽주의자가 새하얀 백지처럼 흠 하나 없는 결과를 손에 쥔 모습을 떠올리게 한다면, 비커밍주의자는 백지를 만드는 과정 속 내 모습에 집중하도록 도와준다.

비커밍becoming이라는 단어 자체가 '~이 되어가다'라는 뜻으로 과정을 나타내는 만큼 스스로를 성장하는 중이라고 생각하는 것이다. 우리가 어떤 일을 하는 동안에는 계속해서 과제가 주어진다. 그때 누군가는 자신이 저지른 지난 과오에 온통 마음을 뺏기는 반면 어떤 이는 그 실수를 딛고 만들어낼 미래에 집중한다. 자꾸 과거의 실수를 떠올리는 이들은 현재에 집중하는 능력이 떨어질 수밖에 없다. 집중도가 낮아지니 결국 과제 완성도도 낮아지는 악순환이 계속된다. 그러니 한 번에 완벽한 사람이 되기보다 점차 발전해나가는 나로 정체성의 방향을 바꿔나가 보자.

마지막으로 비록 완벽하지 않더라도 충분히 나는 사회나 조직에서 중요한 사람이라는 인식을 가져야 한다. 실수를 하지 않는다고 해서 무조건 유능한 인재가 되는 것이 아니듯 실수를 했다고 해서 부족한 사람으로 끝나는 것도 아니기 때문이다.

완벽함을 지향하는 게 나쁜 것만은 아니다. 하지만 완벽하지 않은 나를 미워하는 건 문제가 될 수 있다. 부족하지만 끊임없이 완벽을 향해 노력해가는 지금의 내가 충분히 훌륭하다고 본인을 안아주는 넓은 마음도 필요하다.

메일 하나 보내는 데도 긴장이 되는 이유는
회사에서 자기 정체성이 뚜렷하지 않은 데다
완벽주의에 빠져 있기 때문입니다.

완벽함을 지향하는 게 나쁜 것은 아니지만
완벽하지 않은 나를 미워하는 건
문제가 될 수 있어요.

오늘부터라도
결과보다는 과정에 초점을 맞추고
'성장해가는 나'를 사랑해줍시다.

아는 사람 앞에서
발표하는 게
너무 떨려요

지금의 20~30대가 직장 생활을 할 때 유독 힘들어하는 3대 업무가 있다. 전화 걸기, 이메일 보내기, 회의에서 발표하기가 그것이다. 곰곰이 생각해보니 세 가지 업무에는 공통점이 있다. 바로 수정이 불가능하다는 점이다.

전화상에서 말실수를 하거나 이메일에 잘못된 정보를 담아 보내거나 회의에서 질문에 엉뚱한 대답을 하는 것까지 모두 내 쪽에서 공을 던지는 순간 통제력이 상실된다. 내 선에서 할 수 있는 일이 더 이상 없다. 수정의 여지가 없기 때문에 충분히 발신자 입장에서는 불안함을 느낄 수 있다.

다영 씨에게 회의가 있는 주는 상시 긴장 모드다. 혼자서 몇 번이고 발표할 내용을 리허설해도 불안이 가시질 않아 우황청심환까지 복용하길 반복한 끝에 진료실을 찾았다. 누가 보면 사활이 걸린 프로젝트라도 하는 줄 알만큼 매번 철저하게 회의를 준비한다. 다른 일보다 유독 회의에 만전을 기하는 이유를 물어보니 "아는 사람 앞이라 더 떨리는 것 같아요. 내가 하는 일을 모두가 알고 있으니 준비를 덜 하면 바로 알아차릴 것 같은 거죠. 차라리 모르는 사람들이라면 이 정도까지 긴장은 안 할 것 같아요"라고 답했다.

사실 어느 정도의 긴장감은 정상이다. 나 역시 강연이나 방송을 앞둔 전날에는 내용을 충분히 숙지했는데도 불안감에 잠을 설칠 때가 많다. 다영 씨가 느끼는 불안함은 그만큼 일에 대한 책임감이 강하다는 반증이고 준비한 만큼 결과도 나쁘지 않을 것이다. 하지만 문제는 회의 준비에 필요 이상의 에너지를 쏟아부어 막상 다른 중요한 일에서는 에너지가 고갈될 수 있다는 것이다. 일을 1~2년만 할 것도 아니고 앞으로도 꾸준히 해야 할 텐데 에너지를 효율적으로 관리하지 못하면 몇 년 내로 완전히 지쳐버릴지도 모른다.

회의가 목요일 오전 10시에 잡혀 있다면 월요일부터 수요일 밤까지 그녀의 머릿속에서는 회의와 관련한 온갖 시뮬레이션이 작동한다. '본부장님의 기대에 못 미쳐서 실망시켜드리면 어떡하지', '다른 팀이 우리 안건에 딴지를 걸면 안 되는데' 등 일어나지도 않은 상황을 상상하고 걱정하느라 다른 일에는 신경을 쓸 겨를이 없다.

특히 그녀가 곧 죽어도 마주하고 싶지 않은 상황이 있다. 우황청심환까지 먹어가며 발표를 끝마치고 한숨 돌릴 때쯤 회의를 주관하는 리더가 "안건이 나쁘지 않은데… 이 부분에서 이런 문제는 어떻게 대응할 거예요?"라고 질문한다거나 "부가 설명이 필요해 보이는데…"라며 다시 그녀에게 예상치 못했던 공이 넘어올 때다. 혹은 마치 그녀의 발표를 지적하라는 듯이 "이 안건에 대해서 다른 사람들은 어떻게 생각해요?"라고 공을 던지면 마치 사자 우리 안에 던져진 먹잇감이 된 느낌이다. 물론 누구나 이런 상황이라면 멋쩍을 것이다.

만약 다영 씨처럼 발표가 유독 떨리고 걱정되는 이들이라면 다음에 나올 세 가지 관점을 들여다보는 것이 도움이 된다.

회의는 매 맞는 시간이 아니다

우선 내 의견에서 부족한 점을 지적하거나 보완이나 수정을 요구하는 타인의 의도를 일의 진행 측면에서 해석해보자. 즉 지적에만 집중하지 말고 그런 지적을 통해 도달하고자 하는 목표와 방향을 생각하는 것이다.

같은 회사, 같은 부서에 몸담고 있는 우리의 공동 목표는 일을 성공시키는 데 있다. 내 의견에 지적을 하는 것은 나를 깎아내리기 위해서가 아니라 수정 과정을 통해 일을 더 성공적으로 이끌기 위해서이다. 이를 받아들여야 지적을 감정적으로 해석하지 않고 일을 성공시키기 위한 빌드업 포인트Build-Up Point로 잡아나갈 수 있다.

빌드업이란 건축물을 쌓아 올린다는 건축 용어이자 공격을 전개하고자 흐트러진 진영을 바로 세우는 축구 용어다. 처음에는 a 정도의 안건이었지만 회의 참여자들의 의견이 덧붙여지면서 A로 가치가 커질 수 있다. 회의 시간을 매 맞는 시간으로 생각할지 빌드업을 위한 시간으로 생각할지는 자신에게 달려 있다.

내가 발표한 안건에 대해 리더가 회의에 참석한 참여자들에게 의견을 묻는 데도 여러 가지 이유가 존재한다. 참여자들에게 골고루 발언권을 주기 위해서일 수도 있고, 혹 놓쳤을지 모를 부분을 알아차리기 위해서일 수도 있다. 아니면 이 안건을 계획하는 데는 내가 적임자였지만 일을 구체적으로 실행하는 데는 적임자가 따로 있어서 시간을 끌었을 수도 있다. 이유는 다양하다. 단지 자신의 아이디어가 부족해서 다른 사람에게 밀렸다고 자책할 필요는 없다.

회의에 대한 압박감에서 벗어나는 두 번째 방법은 관계의 '특수 레이더'를 파악하는 것이다. 다영 씨는 아는 사람 앞에서 발표할 때 유독 압박감을 느낀다고 했다. 이는 그녀가 가진 특수 레이더가 내 편이라고 생각하는 사람에게 유독 민감하게 작동하기 때문이다. 그러니 통상적인 상황에서는 굳이 신경 쓰지 않을 영역까지도 민감하게 받아들이며 불안을 느낀다.

평소 엄마와 사이가 안 좋은 딸이 엄마 또래인 여자 상사와 부딪친다거나 이전 남자친구와 닮은 이성을 보면 예민하게 반응이 나가는 것도 나만의 특수 레이더에 민감하게 잡히는 대상이기 때문이다. 다영 씨에게는 그 대상이 내 편, 날 지지해주는 사람인 것이다.

특수 레이더에는 긍정 구역Positive zone과 부정 구역Negative

zone이 있다. 나를 공격하고 상처를 입히는 '부정 구역 대상'에게 민감한 사람이 있는가 하면 다영 씨처럼 자신이 실망시키고 싶지 않은 '긍정 구역 대상'에게 민감한 사람도 있다.

'나는 부정적인 감정을 주는 대상에게 민감하네', '날 좋아해주는 사람 앞에서 경직되는구나'처럼 주로 어느 대상에게 민감도가 올라가는지에 따라 나의 대응도 달라진다. 부정 구역에서라면 그 상황에서 내 피해를 최소화하기 위해 피하는 것이 방법일 테고, 긍정 구역에서라면 그 사람에게 더욱 인정받기 위해 노력하는 방식이다.

다만 특수 레이더에 잡히는 민감도에 따라 내가 굳이 피하지 않아도 될 대상을 과하게 피하거나 필요 이상의 에너지를 사용해서 일을 한다면 결국 그 피해는 내가 받게 된다. 그러니 특수 레이더를 사용할 때는 대상의 방향과 민감도를 잘 조정해서 행동 방향을 설정해야 한다.

세 번째는 신경이 쓰이는 대상이 있다면 그 사람의 평

소 의사 결정 방식을 알아보는 방법이다. 다영 씨에게는 회의를 주관하는 리더, 팀 동료나 상사가 대상일 텐데 그 사람의 생각의 흐름을 어느 정도 예상할 수 있다면 회의 때 불안한 마음을 관리하는 데 도움이 된다.

신호등에 비유해서 예를 들어보자. 회의를 주관하는 리더가 안건을 마음에 들어 했을 때 켜지는 청신호, 마음에 안 들어 했을 때 켜지는 적신호, 애매한 안건이라고 판단할 때의 황색 신호를 미리 숙지하는 것이다.

특히 황색 신호를 잘 잡아내는 것이 중요한데, 흔히 청신호인지 적신호인지 그 결과에만 집착한 나머지 그 중간 신호인 황색 신호를 쉽게 놓친다. 다영 씨의 경우에도 유독 황색 신호를 만나면 머릿속이 하얘진다는 인상을 받았기에 나는 이렇게 설명해주었다.

"황색 신호는 일종의 예비 신호잖아요. 이걸 적절히 인식만 할 수 있어도 섣부르게 극단적으로 판단하는 오류를 피할 수 있어요. 가령 리더가 '부연 설명이 필요해 보이네', '다른 직원들 의견은 어때요?'라고 하는 것이 황색 신호예요. 거절도 아니고 직진도 아닌, 잠시 이곳에서 멈춰서 다 같이 생각해보자는 의미잖아요. 황색 신호를 잘 포착하려면 회의 때마다 그 사람의 판단 과정을 꾸준히 관찰해야 해요. 리더가 그간 안건을 결정할 때는 어떻게 하고, 거절할 때는 어떻게 해왔는지를 어느 정도 파악해야 하는 거죠."

앞서 이야기한 것처럼 소속한 곳에서 본인의 사회적 정체성이 충분히 자리를 잡기까지는 회의든, 메일이든, 전화 통화든 좌불안석이 되는 것은 당연하다. 때로는 혹독한 타인의 평가에 멘탈이 깨지거나 자존감과 자기애에 상처를 입는 경험도 할 수 있다. 하지만 이런 미성숙의 시간이 쌓여야만 얻을 수 있는 것들도 있다. 작은 불안을 감당해내며 이 시간을 버티는 것만으로도 당신은 스스로의 정체성을 만들어가고 있다는 사실을 기억했으면 한다.

발표할 때 떨리는 건 지극히 정상입니다.
하지만 발표 준비에 필요 이상으로
에너지를 쓴다면
정작 중요한 일을 할 수 없겠지요.

발표 자리는 내가 매 맞는 자리가 아니라
안건을 발전시키는 자리라고
생각을 바꿔보세요.

또한 '나는 아는 사람 앞에서 유독 경직되네'
'엄마와 비슷한 사람 앞에서 긴장하네' 등
나를 유독 민감해지게 하는 대상을
미리 파악하는 것도 도움이 될 겁니다.

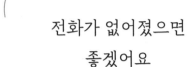

전화가 없어졌으면
좋겠어요

"통화하는 게 싫어요. 모르는 번호로 걸려 온 전화는 거의 받지 않고요. 가족이나 친구 이름이 뜨면 순간 0.1초 정도 멈칫한다고 할까요. 이 전화를 지금 받아야 할까, 나중에 다시 걸까 고민하게 돼요. 모르는 사람과 통화하는 게 부담스러운 것은 그렇다 쳐도 동생이나 엄마는 가족이잖아요. 저 대인공포증인가요?"

최근 진료실에서 들었던 이야기로, 농담 반 진담 반 섞인 고민이었다.

가수 아이유 씨도 자신에게 전화공포증phone phobia이 있음을 한 방송에서 고백한 적이 있다. 매일 일 때문에 통화하는 매니저가 아니라면 엄마나 친한 친구와 통화를 하는 데 불편함을 느낀다고 토로했다. 엄마나 친구와 사이가 나쁘냐 하면 그렇지도 않다. 수만 명 앞에서 공연을 펼치는 그녀이기에 이런 고백이 의외의 모습일 수 있지만 그만큼 젊은 세대에게 전화 통화는 그 자체로 쉽지 않다는 뜻이다.

진료실에서도 앞선 이야기처럼 전화 통화가 부담스럽다는 고민을 토로하는 경우가 늘었다. 나처럼 전화로 치킨을 주문하는 일조차 긴장되었는데 배달 앱이 생겨서 얼마나 다행인지 모른다는 이도 있고, 성인이 되어서도 전화 통화 앞에서 작아지는 자신이 한심하다고 자책하는 이도 있었다.

전화공포증이 있는 사람에게는 통화 대상과 아무리 친하더라도 자신이나 타인이 원하는 타이밍이 아닌데 통화를 해야 하는 그 상황 자체가 불편하다. 문자나 이메일은 충분히 생각한 뒤 반응을 할 수 있는 반면 전화는 그 자리에서 바로바로 반응을 해야 하기 때문에 부담스럽기 때문이다. 특히 타인의 시선을 신경 쓰고 맞추려는 사람일수록 전화하면서 뺏기는 에너지가 크다. 통화하는 순간에 상대방의 요구 사항을 다 맞춰주다 보니 극도의 피로감이 몰려오는 것이다.

반면 전화에 익숙한 사람은 문자나 이메일이 불편하다. 전화는 필요한 순간 상대방의 즉각적인 반응을 확인할 수 있다. 전화가 원거리 의사소통의 주요 수단이었던 과거에는 모두가 즉각적인 의사소통에 익숙했다. 이런 의사소통 방식에 익숙한 이에게는 SNS 메시지나 이메일을 보내고 상대방의 대답을 기다리는 시간은 곤욕 그 자체다. 상대방이 메시지를 확인했는데도 바로 답장하지 않으면 왠지 나를 무시하는 것처럼 느껴지기도 한다.

결국 내가 익숙한 소통 방식이 존재함으로써 그 밖의 소통 방식은 불편해진다는 의미기도 하고, 지금 시대의 주된 소통 수단에 밀려 그렇지 않은 소통 수단이 불편해지기도 한다. 그런데 SNS가 익숙하다고 해서 통화를 아예 안 하고 살 수는 없는 노릇이다. 전화 역시 생활에서 주요한 소통 수단인 만큼 무턱대고 피한다고 될 일만은 아니다.

뇌도 나만큼 전화 통화를 싫어한다

왜 이렇게 통화에 거부감을 느끼는 이들이 많아졌을까? 이들은 왜 통화를 하는 데 어려움을 겪을까? 사실 통화는 대면보다 사람을 더 진땀 빼게 만드는 소통 방식이 맞다. 목소리로만 나누는 의사소통은 자신과 상대방의 문제가 아닌 통화 그 자체로 불안감을 불러일으킨다.

지하철에서 누군가 통화를 하면 그 옆에 앉은 사람이 스트레스를 받는다는 연구 결과가 있다. 통화 당사자가 모든 정보를 알고 통화를 해나가는 것과 달리 옆 사람은 절반의 정보만 알기에 뇌가 나머지 정보를 유추하는 데 에너지를 쏟기 때문이라는 것이다. 결국 익숙하지 않은 방식으로 상대방의 상황을 유추할 때는 우리 뇌가 그만큼의 부담을 더 가진다는 의미다.

얼굴을 마주하고 소통할 때는 부족한 정보를 비언어적 메시지로 상당 부분 채울 수 있고, 텍스트 기반의 의사소통에서는 상황에 대한 의사를 간결하면서도 정확하게 정리해서 전달하기에 막연하게 유추해야 하는 경우가 적다. 하지만 목소리에만 의존하는 전화 통화는 언어 외적인 상대방의 의도와 정보를 순간순간 유추해야 하기에 뇌가 긴장할 수밖에 없다.

더구나 기본적으로 전화라는 것은 발신 버튼을 누르는 쪽이 존재하는데 이들은 자신의 용건을 전함과 동시에 상대에게 신속한 대답을 요구할 수밖에 없다. 그런데 이 과정이 굉장히 즉흥적이다 보니 어느 정도의 임기응변도 필요하다.

상대에게 무언가를 물어보고 약속을 잡고 어떤 부탁

을 한다고 했을 때 이건 발신자 단독으로 결정한 사안이다. 전화를 받는 쪽은 해당 사안에 관해 발신자만큼 생각할 시간을 갖지 못한 채 자신의 생각을 내놓아야 하니 뇌에 과부하가 걸리는 것이다. 대답을 하면서도 머릿속으로는 '거절하면 이 사람이 기분 나쁘겠지?', '그렇다고 수락을 하면 내 일정이 꼬이는데'라고 생각하며 상대의 입장과 내 입장을 짧은 시간 내에 고려해야 한다. 당연히 누구라도 불편할 수밖에 없다.

그렇다면 전화로 갑작스럽게 제안을 받았을 때 어떻게 대응하면 좋을까? 곧장 대답을 하기보다 "그럼 제가 그 부분이 가능한지 확인해서 다시 말씀드릴게요"라는 식으로 시간을 버는 것도 방법이다. 당장 그 용건을 들어줄 수 있는 상황이라도 통화에서 바로 수락하지 말자. 괜히 분위기에 휩쓸려 수락했다고 생각되면 언제든 후회가 밀려올 수 있기 때문이다.

앞서 가수 아이유의 사례처럼 유독 긴밀한 관계인 사

람과의 통화가 불편하다면 당신의 책임감이 높기 때문일 수 있다. 이때는 정보의 비대칭성이나 정보를 파악하는 시차의 이슈를 뛰어넘는, 관계에 대한 책임감으로 바라보는 것이 좋다. 집안의 가장이거나, 연인이나 친구처럼 동등한 사이에서도 더 많이 참고 베푸는 쪽이 여기에 해당한다.

당신이 여기에 해당하면 할수록 모르는 사람보다 가까운 사람과의 통화를 더 힘들어할 확률이 높다. 은연중에 '이 전화를 받으면 또 한참 이야기만 들어줘야 하는데. 같이 공감해주지 않으면 상대가 실망하겠지' 하는 생각이 드는 것이다. 그야말로 감정 노동이다. 이 무의식이 부담이나 불안을 갖게 하는 식으로 신호를 보내는 것이다.

이처럼 유독 휴대폰에 이름이 떴을 때 마음의 추가 바닥까지 내려앉을 만큼 부담되는 사람이 있다면 그 이름과 얼굴을 떠올리며 나와의 관계를 되돌아볼 필요도 있다. 그 사람에 대한 평소 나의 생각과 감정을 인지하는 것만으로도 전화공포증을 이해하는 데 도움이 된다. 다시 말해 내가 부담스러워하는 것은 전화가 아니라 이 사람 자체임을 인지하게 되는 것이다. 그러고 나면 상대에 대한 내 반응의 수위도 조절할 수 있다.

'카톡 세대'는 전화가 두렵다

모르는 사람과의 통화가 어려운 경우는 어떻게 설명할 수 있을까? 전화에 대한 피로감을 호소하는 분이 진료를 오면 먼저 전화를 받을 때가 더 힘든지 아니면 걸 때가 더 힘든지부터 물어본다.

전화를 걸 때는 괜찮은데 받을 때 멈칫한다면 책임감이 강하거나 본인의 에너지가 크지 않은 사람일 수 있다. 내가 가진 에너지 레벨이 3인데 상대가 7의 에너지에 해당하는 용무를 제시하면 무력감과 분노, 회피하고 싶은 마음이 올라온다. 의외로 에너지 레벨이 관계의 질을 결정하는 변수로 작용할 때가 많은데 통화도 예외는 아니다.

이와 달리 전화를 걸 때 가슴이 뛰는 사람은 대부분 받는 것도 힘들어하기에 전반적인 전화공포증을 의심해볼 수 있다. 대체로 20~30대가 어려워하는 것도 전화를 거는 것이다. 이들은 성장 과정에서 전화로 용무를 처리해본 경험이 드물다. 카카오톡과 같은 메신저로 주로 소통하다 보니 통화가 낯설 수밖에 없는 것이다. 그러니 사회에 나와서 통화로 업무를 하는 데 서툰 것은 당연하다. 요즘 초등학생들은 어린 시절부터 데스크톱 컴퓨터보다 스마트폰에 더 친숙해 컴퓨터 타자 속도가 스마트폰 문자 입력 속도보다 느리다고 하는데 그것과 같은 이치다.

참고로 전화공포증은 자장면이나 치킨을 시키지 못하는 데 국한되지 않는다. 통화를 해야 하는 순간부터 용건이 끝나는 시점까지 통화 내내 초조함과 불안감을 느끼는 증상이다. 만약 이런 불안이 있다 하더라도 대인 관계에 문제가 없고 사회적인 역할도 무리 없이 지속하고 있다면 그저 누구에게나 있을 법한 가벼운 불안의 영역이라고 여기면 된다.

'다 큰 어른이 남들 다 하는 전화를 무서워하며 유난을 떨어?'라며 자신의 소심한 성격을 탓하지 말자. 그저 내게 익숙하지 않고 불편한 의사소통 방식일 따름이다. 그리고 전화라는 도구를 적게 사용하더라도 충분히 내 의사를 전달하고 상대방의 의사를 받아들일 수 있는 다른 소통 수단이 얼마든지 있다. 타인의 시선으로 자신을 탓할 필요는 없다. 오히려 변해가는 시대 상황에 적응하고 있는 건 이런 나 자신일 수도 있다.

Dr. Lee's Solution

전화받는 게 두려운가요?
실제로 전화는 한정된 정보가 오가기 때문에
뇌가 긴장할 수밖에 없는 소통 방식입니다.

당신이 소심해서가 아니에요.
어린 시절부터 문자 소통이 익숙하기도 하고,
누군가 나에게 부탁을 하면
그것을 꼭 들어줘야 한다고 생각하는
책임감이 강한 사람이라는 증거이기도 합니다.

사소한 일에 멘탈이 부서지는 중입니다

117

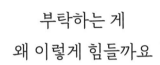

부탁하는 게
왜 이렇게 힘들까요

"선뜻 나서서 도움을 요청하기가 어려워요. 차라리 조금 고생하더라도 저 혼자 해결하는 편이 마음은 편해요."

거절을 못 하는 사람과 도움을 요청하지 못하는 사람은 뫼비우스의 띠처럼 같은 지점에서 만나다 못해 한 사람으로 포개지는 경우가 많다. 비록 그것이 아주 작고 사소한 부탁일지라도 말이다. 남에게 부탁하는 일이 유독 어려운 사람이라면 스스로 다음 세 가지를 점검해보자.

부탁을 못 하는 게 아니라
안 하는 겁니다

꧁

첫째는 애초에 그 관계가 불편하거나 마음이 가지 않는 사람에게 부탁을 요청하는 상황일 수 있다. 내성적인 사람일수록 타인을 볼 때 자신과 맞는 사람인지 아닌지를 알아보는 촉이 발달되어 있다. 이 직감을 믿고 가도 된다고 말하고 싶다.

내성적인 사람은 활발한 사람에 비해 자신에 관해 생각을 많이 하는 편이다. 당연히 자신에게 잘 맞는 사람을 판별하는 능력도 직감적으로 발달할 수밖에 없다. 따라서 타인에게 도움을 청하지 않는 이유는 눈앞에 있는 그 대상에게 내 욕구를 말하면서까지 부탁하거나 인연을 트고 싶지 않기 때문이다. 만약 당신이 이런 유형이라면 도움 요청을 용기의 문제로 접근하기보다 상대방과 인연을 이어가야 할지 말아야 할지 장기적인 관계의 맥락에서 고민해보는 편이 좋다.

도움을 받았다고 빚을 진 것은 아니다

두 번째로 도움을 빚이라고 생각하는 것은 아닌지 자기 자신에게 물어보자. 내가 요청한 도움을 상대가 들어주었을 때 이것을 갚아야 할 빚이라고 생각한다면 당연히 도움을 구하기 어려울 수밖에 없다. 그 사람의 이름만 들어도 채무가 있는 사람처럼 안절부절못하게 되는데 이를 무슨 수로 감당하겠는가. 그렇다면 타인의 불안한 시선으로 나를 바라보는 자기애적 불안을 짚어봐야 한다.

동시에 도움에 대한 감수성을 전환할 필요가 있다. 도움을 주고받음으로써 마음의 빚을 지는 것이 아니라 관계의 물꼬를 트는 계기가 될 수도 있다. 후자의 경험을 많이 해보면 해볼수록 '도움=빚'이 아닌 '도움=관계의 윤활유'라는 공식이 새롭게 만들어지게 된다.

이러한 경험이 쌓이면 자기애적 불안도 자연스럽게 해소된다. '내가 이런 부탁을 하니 상대가 불편해하기는커녕 자기 일처럼 신경을 써주는구나', '이런 부탁을 들어줄

만큼 우리 관계가 깊어졌네'라며 관계에서 기분 좋은 경험을 할 수 있다. 물론 상대방이 거절했다 하더라도 서로 아직 그만큼의 사이가 아닐 뿐 부탁을 한 자신을 잘못했다 책망할 필요는 없다.

타고나길 거절 민감성이 높은 사람

셋째는 나 스스로 거절 민감성이 높은 사람일 수 있다. 이런 모습은 인간관계나 사회생활 경험이 적은 사회 초년생들에게서 자주 나타난다. 남에게 싫은 소리는 조금도 듣고 싶지 않고 싫은 소리를 들었을 때 잔상이 오래간다면 거절 민감성이 높은 사람일 확률이 높다.

어릴 때부터 수용적인 환경에서 자란 사람일수록 거절이나 좌절에 대해 내성이 거의 없다. 상대방이 거절하는 낌새만 보여도 자신이 무시당하는 것처럼 불안하고 초조해진다. 이렇게 최소한의 거절에 대해서조차 불안과 모욕

도움 요청 전

거절 당한 뒤

도움 요청을 포기하게 되는 과정

을 느끼는 경향성을 독일 태생인 미국의 정신분석학자 카렌 호나이Karen Horney는 '거절 민감성'이라고 정의했다.

위 그림은 거절 민감성이 높은 사람의 전형적인 모습 이다. 한 가지 알아야 할 점은 거절 민감성이 높은 사람 일수록 타인에 대한 기대치가 매우 낮다는 사실이다. 지 인 중에 거절 민감성이 높은 사람이 있는데 이런 이야기를 꺼낸 적이 있다.

"나는 사람에 대한 기대치가 낮은 편이라 무언가를 요
청했는데 상대가 거절하면 상처를 받기보다 충분히 그럴
수 있다고 생각하는 편이야. 다만 상대의 대답을 듣기 직
전까지 감당해야 하는 그 불편한 공기가 싫더라고. 그래
서 아예 부탁을 하지도 말자고 생각하거나 그냥 들어주
고 말자고 생각하게 돼."

만약 여러분도 비슷한 마음이라면 관심의 초점을 상대
의 입장이 아닌 그 안건으로만 좁히는 연습을 해야 한다.
안건만 생각하고 그 안건에 관계된 사람들은 일단 제외
해보자. 주로 거절 민감성이 높아지는 때가 그 안건이 아
닌 사람 위주로 고민을 하는 시점이기 때문이다.

내가 도움을 요청하고자 하는 안건 위주로 관심을 좁
혔음에도 계속 상대방이 눈앞에 아른거린다면 그때는 마
음 편한 대로 하면 된다. 내 거절보다는 거절로 상대가
불편해지는 상황이 더 신경 쓰이고, 도움이 필요하지만
상대에게 짐을 지우는 듯해 불편하다면 그건 그만큼 그

안건이 자기에게 중요하지 않기에 감수할 수 있다는 뜻일 테다.

누군가에게는 당장의 내 편의보다 옆 사람의 마음을 불편하게 하는 일이 더 크게 와닿을 수 있다. 그건 내가 주변 사람보다 이타적인 사람이기 때문이다. 당신이 그런 사람이라면 조급해하지 마라. 앞에서 알려준 대로 조금씩 연습해보자. 거절을 하거나 도움을 요청하는 일이 쉬워지는 그때까지는 자신을 지금 있는 그대로의 모습으로 두어도 괜찮다.

Dr. Lee's Solution

누군가에게 부탁하는 게 어려운 당신,
소심한 성격 때문일까요?

도움을 요청할 만큼 상대방이
중요한 사람이 아니라는 신호일 수 있고,
당신이 거절 민감성에
유독 예민하다는 증거일 수도 있습니다.

도움을 주고받는 건 결코
빚을 만드는 일이 아니에요.
관계를 더욱 돈독하게 만드는
소중한 경험이라고 생각해봅시다.

더 이상 남의 눈치를
보지 않으려면

우리는 살면서 다양한 기대에 부응하며 살아간다. 기대는 크게 세 가지로 분류할 수 있다. 나에 대한 기대, 타인에 대한 기대, 타인이 내게 거는 기대가 그것이다. 20대부터 30대 초반까지는 세 가지에 대한 기대치가 전반적으로 높게 나타난다. 젊음을 앞세워 한창 이것저것 시도하는 때이기도 하고, 취업에만 성공하더라도 자신감이 충족된다. 자존감과 자기애 모두를 충족하려고 노력하고 성과도 따르는 시기다. 물론 잠시뿐이라는 게 함정이지만.

그러다 직장이나 인간관계에서 여러 풍파에 시달리며 시련과 좌절도 경험하고, 부모님의 후광도 줄어드는 30대 중후반이 되면 나에 대한 높은 기대치가 현실적으로 바뀌거나 크게 낮아진다. 나이를 먹어서도 부모의 지원이 뒷받침되는 타인과 자신을 비교하면서 큰 혼란을 경험하기도 한다.

타인에 대한 기대치 역시 조정이 이뤄지는데 사람 마음이 나와 같지 않음을 깨달으면서 적정 수준으로 낮아지거나 경우에 따라서는 혼자 있는 게 낫다며 회피 모드로 돌변한다. 불필요한 관계는 거리를 두는 조용한 손절이 시작되는 것도 이 시기다.

앞서 자존감적 불안과 자기애적 불안을 이야기했다. 자존감적 불안이 높은 사람일수록 타인에 대한 기대치 대비 나에 대한 기대치가 낮다. 그러다 보니 미리 상처받는 일이 잦다. 내가 나를 가치 있게 보지 못하니 작은 거절과 실패에도 좌절하는 것이다. 어려움을 딛고 일어서

지 못하고 자기 자신이나 스스로를 둘러싼 환경을 비관하며 우울증으로 넘어가는 배경이 된다.

반면 자기애적 불안이 높은 사람은 타인을 통해 나를 바라보는 기대치가 높다. 판단 기준이 타인에게 있다 보니 타인에게 의존하는 기대 심리가 크다. 자존감이 바탕이 된 자기애적 불안이라면 그 기대가 충족되지 않더라도 끊임없이 다시 일어설 수 있지만, 자존감이 없는 자기애적 불안은 남 탓을 하면서 자신뿐 아니라 타인도 갉아먹는다.

지금은 특히 다른 기대보다 타인이 내게 거는 기대에 더 맞추려고 노력하는 시대다. 나이 들어도 타인이 내게 거는 기대를 충족하는 삶이 사회적 성공의 잣대로 중요하게 여겨지는데 이건 사회의 영향도 크다. '타인에게 보이는 나'에게 열중하게 만드는 시대이기 때문이다. 인스타그램과 같은 SNS가 이런 현상의 기폭제가 되었다. 내가 정말 잘 사는 것도 중요하지만, 남들 눈에 괜찮은 인생처럼 보이면서 사는 것도 중요하다는 문화가 하나의 대세로 자리를 잡았다.

겸손보다는 자랑이, 숨기는 것보다는 드러내는 게 미덕인 사회에서 타인의 시선은 심리적 코인의 기능을 한다. 인스타그램의 "좋아요"가 많을수록, 자신이 운영하는 유튜브 채널의 조회 수가 높을수록 그만큼 나에게 향하는 타인의 시선이 많다는 걸 의미하고 이 정도면 괜찮은 인생이라는 공신력이 생겨난다. 이처럼 현재 우리는 '자신에게 비춰지는 나'보다 '타인에게 보이는 나'가 힘이 센 사회에 살고 있다.

타인의 시선을 의식하지 말라는 조언은 더 이상 통하지 않는다. 타인의 시선을 의식하는 것이 현대인의 자아를 구성하는 데 필수라면 인정하는 것이 맞다. 다만 타인의 시선을 필수 옵션처럼 달고 살아야 한다면 그것을 견딜 만한 맷집을 단련하는 데도 관심을 가져야 한다.

타인의 시선을 극복하는 힘,
정서적 맷집

마음이 여리거나 남의 눈치를 잘 살피는 유형일수록 타인의 시선에도 취약한 편이다. 이는 정서적 맷집과도 연결된다. 사전에서 맷집을 검색해보면 "매를 견디어내는 힘"이라고 나와 있다. 이걸 심리학적으로 바라보면 자기애가 무너지는 상황을 견뎌내는 힘, 자존감이 손상되었을 때 이전 수준으로 회복할 수 있는 힘으로 해석할 수 있다.

누군가의 인정으로 충족되는 자기애는 끊임없이 무너질 수 있고 다시금 채워 넣을 수 있다. 중요한 건 그 과정을 묵묵히 견뎌내는 것이다. 반면 자존감은 손상되었을 때 회복하기가 까다롭기 때문에 다시 회복하는 힘, 즉 회복 탄력성이 중요해진다. 이렇게 우리의 자기애와 자존감을 흔드는 외부 자극이 주어졌을 때 그것을 감당할 정도의 맷집을 키우는 일은 이제 필수 자질이다.

지금 20~30대는 성장하면서 맷집을 키울 기회가 상대적으로 부족했다. 요즘은 자녀가 많아야 한두 명인 데다 1970~1980년대와 비교해 양육 환경과 사회적 시스템이 상당히 안정적이다. 문제는 이들이 부모라는 온실을 나와 사회에 입성한 다음이다. 사회에서는 비가 오면 비를 맞아야 하고 바람이 불면 알아서 피해야 한다. 부모라는 익숙한 우산과 바람막이가 없는 채 홀로 서야 하니 약한 매일지라도 받는 충격은 엄청나다.

고기도 먹어본 놈이 먹을 줄 안다고 매도 맞아본 놈이 안 아프게 요령껏 맞는다. 게다가 타인의 시선도 신경을 써야 하니, 없어 보이게 비를 피하는 짓은 상상도 못 한다. 비만 한 방울 맞아도 독감에 걸릴 만큼 맷집이 약하면 그만큼 사회에 나가서 스스로 버티면서 힘을 기르는 수밖에 없다. 적어도 몇 방울의 비쯤은 끄떡없을 정도의 정서적 맷집은 만들어두어야 한다.

정서적 맷집을 키우기 위해 가장 필요한 자세는 무엇일

까? 바로 타인의 눈치를 보면서도 나를 위해서 불필요한 시선들을 극복할 줄 아는 태도를 갖는 것이다. 혹시 옷을 구매한 매장에서 환불은커녕 교환해달라는 이야기를 꺼내기도 어려운가? 집주인에게 화장실을 수리해달라고 요구하기가 난감한가? 성과가 날 만한 프로젝트에 자신도 참여하고 싶다고 적극적으로 밝히기가 꺼려지는가? 자기도 모르게 고개가 끄덕여진다면 과도하게 남을 의식하고 있다는 뜻이다.

자신의 권리를 포기하면서까지 불확실한 상황에서 발을 빼려고만 하는 건 좋지 않은 방법이다. 손실도 손실이지만 내 인생이 지나치게 한쪽 방향으로만 치우칠 위험이 생긴다. 삶의 도구가 단 하나뿐이라면 그 도구로 할 수 있는 것들만 우리 인생에 남게 된다. 그러니 타인의 시선에 대해 한 가지 태도만 고수하는 관성에서 이제 그만 벗어나보자.

내가 피해야 하는 상황도 있다

정서적 맷집을 기르기 위해서는 자존감과 자기애가 뒷받침되어야 한다. 하지만 모든 문제를 자신의 부족한 자존감과 자기애 탓이라고 돌리면 곤란하다. 인생에는 나의 노력으로도 극복할 수 없는 강도 높은 매를 맞는 순간도 오기 때문이다.

"다른 사람 앞에서는 안 그러는데 유독 그 상사 앞에서는 작아져요. 그 사람이 뭐라고 하면 자존감이 깎이는 느낌이에요. 그래서 아무 대응도 하지 못하고 더 입도 뻥긋하지 못하게 되나 봐요"라며 자책하는 30대 직장인이 있었다. 이야기를 가만히 들어보니 그를 힘들게 한 상사는 나라도 꼼짝없이 당했겠다 싶은 생각이 들 정도로 병적인 자기애로 똘똘 뭉친 사람이었다.

병적인 자기애는 자기 잘못을 인정하지 않고 타인을 탓한다. 그러니 옆에 있는 사람은 자신이 잘못한 것이 아닌데도 스스로 자존감이 깎인다. 자칫 가스라이팅을 당할 위험마저 있었다. 이런 사람을, 그것도 30대 초반의 나이에 상대하는 일은 제법 강도 높은 매를 맞는 일이다. 만약 내가 이 직장인과 같은 상황에 처했다면 주눅이 드는 데 그치지 않고 아예 퇴사까지 고민했을 것 같았다. 이런 때는 낮은 자존감이나 자기애를 탓하기보다 상대가 나에게 위험한 사람이라는 사실을 인지하고 태풍을 피하는 편이 훨씬 도움이 된다.

나는 이런 관점을 제시해주었다.

"당신이 주눅 드는 것은 자존감이 낮아서가 아니에요. 순간적으로 내가 잘못한 것 같으니 자존감이 낮아진다고 느낄 수는 있어요. 하지만 이 상사가 아닌 다른 사람 앞에서는 자존감이 회복되잖아요. 이게 포인트예요. 내가 가진 자존감은 괜찮은데 이 상사의 병적인 부분이 그 사람뿐 아니라 나의 자존감까지 손상하는 거죠.

오히려 원래부터 가지고 있던 생활 환경과 주변 사람들이 본인을 그나마 버틸 수 있게 지켜주고 있는 것 같아요. 그런데 이런 병적인 사람 옆에서 괜찮은 척 버티다가는 계속 손상만 입고 깎여 나갈 거예요. 그리고 내가 견디기 때문에 오히려 상사의 타깃이 될 수도 있어요. 그렇다면 그 사람 앞에서 자존감을 지키려고 버티는 것보다 함께 있는 시간을 피하는 것이 나를 위한 일이죠. 때로는 내가 어찌할 수 없는 사람과 씨름을 하는 것처럼 어리석은 경우는 없습니다. 이럴 때는 뒤도 안 돌아보고 도망치는 것이 상책일 수 있어요."

이렇게 이야기한 후 우선 상사와 수월하게 지내지 못하는 자신을 책망하지 말고 어떻게 하면 그 사람을 피할 수 있을지 같이 고민해가기로 했다.

만약 이 정도로 나를 힘들게 하는 사람이 있다면 명심해야 한다. 병적인 자기애처럼 병리적인 성격장애를 가지고 있는 사람들에게는 어제보다 찔끔 나아진 자존감이나 자기애로는 상대도 안 될뿐더러 '여전히 나는 쭈구리네', '저 사람 앞에서는 아무것도 못 해보네'라는 자책만 는다. 이런 때는 역발상이 필요하다. 상식이 통하지 않는 상대를 대할 때는 자존감과 자기애를 잠시 낮추어 거리를 두고 도망치는 용기를 장착하는 것이 더 효과적이다. 물론 이 방법이 항상 옳은 것은 아니겠지만 말도 안 되는 상황에서는 변칙적인 방법을 동원할 필요도 있다.

이 관점으로 보면 병적인 사람 앞에서 주눅 드는 것에 대한 나의 감정도 달라지게 된다. 이전까지는 '내가 을이라서 아무 말도 못하는구나' 하고 억울했다면 이제는 '내가 이 사람과 대면하는 시간을 줄이기 위해 나름대로 최선의 방식을 취하고 있구나' 하는 생각이 들면서 점차 삶의 주도권을 되찾을 수 있다. 잠시 움츠러든 자존감이 다시 살아나는 순간이다.

나도 진료 경험이 부족했을 때는 자존감을 키우는 방법만 강조했다. 그러다 문득 왜 다들 결국 당하고 깨질 거면서 자존감부터 찾는 걸까 하는 의구심이 고개를 들기 시작했다. 자존감 만능론만 가지고는 해결이 안 되는 일이 현실에서는 비일비재한데 말이다. 그렇기에 어느 한쪽으로 치우치기보다 타인의 시선에서 비롯해 맷집을 키워야 하는 불안인지, 위의 사례처럼 매의 강도가 강해서 피하고 봐야 할 불안인지 꼭 먼저 점검해보자.

유튜브, 인스타그램 등 SNS가
우리 일상에 들어오며 타인의 시선에
민감할 수밖에 없는 시대가 되었습니다.

과도하게 남의 눈치를 보는 이들일수록
정서적 맷집이 약한 경우가 많죠.

나의 권리를 포기하면서까지
남을 의식할 필요는 없다는
사실을 기억합시다.

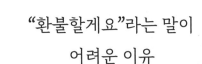

"환불할게요"라는 말이
어려운 이유

지혜 씨는 20대 후반의 평범한 여성이다. 그녀는 평소 눈여겨보고 있던 구두를 최근 온라인 쇼핑몰에서 주문했다. 그런데 도착한 구두를 신어보자마자 사이즈가 맞지 않는다는 걸 알게 되었다. 쇼핑몰 상세 정보를 확인하고 주문한 제품인데 지혜 씨 사이즈보다 한 치수쯤 작았다. 매장에서 사이즈를 확인한 다음에 온라인으로 주문했더라면 좋았겠지만 구두를 신어만 보고 막상 사지 않고 나오는 게 미안해서 그러지 못했다.

지혜 씨는 곧장 사진을 찍어 사촌 동생에게 "이 구두 필요해? 가져갈래?"라고 메시지를 보냈다. 사촌 동생이 가져가지 않는다면 불편하더라도 참고 신어볼 참이었다. 발에 상처가 날지라도, 사촌 동생에게 공짜로 내주더라도 환불이나 교환은 있을 수 없는 일이다.

"저 바보 같죠."

그녀는 쑥스러워하며 말했다. 지금까지 살면서 단 한 번도 환불이나 교환을 해본 적이 없다고 했다.

"아니요. 저도 환불이나 교환은 잘 못 하는 편이에요."

내 말이 끝나기가 무섭게 그녀는 맞받아쳤다.

"진짜요? 선생님도 못 하는구나. 온라인 쇼핑몰이든 백화점이든 물건을 사러 가는 곳이지 환불하러 가는 곳은 아니잖아요. 전 저만 이상한 줄 알았어요."

현대인을 두 부류로 나눈다면 환불을 못 하는 그룹과 거침없이 해버리는 그룹으로 나눌 수 있을 것이다. 지혜 씨나 나처럼 환불을 하는 게 민폐를 끼치는 것 같아 어려운 이들이 있는 반면 환불을 척척 해내는 그룹도 있다. 스스로를 "환불 원정대"라고 칭하며 자신에게 맡기라고 큰소리를 치는 지인은 환불과 교환을 소비자의 당연한 권리로 인식하고 있었다.

"7일 이내로만 환불하면 되는데 왜 내 권리를 포기해요. 그 돈으로 다른 걸 살 수 있잖아요."

지인은 이를 기회비용으로 생각했다. 환불을 하고 못하고는 성향 차이도 있지만, 환불을 바라보는 관점의 차이도 크다는 사실을 지인을 통해 깨달았다.

정서적 손실에 민감할수록
환불이 어렵다

왜 어떤 사람들은 환불을 못 하거나 하더라도 단단히 마음을 먹어야만 할까. 업체에 손해를 끼치는 것 같아 미안해서? 반품 택배비까지 치러가며 그런 수고를 들이고 싫지 않아서? 물론 이런 이유도 있겠으나 대부분 상대방이 싫어할 것 같은 상황을 마주하고 싶지 않은 마음이 큰 자리를 차지한다. 나를 바라보는 타인의 불편한 시선으로 말미암아 남들에게 인정받고자 하는 자기애적 불안이 자극되는 게 싫은 것이다. 내 욕구와 반대되는 상황이 연출될 것에 대한 불안이 환불이라는 벽을 뛰어넘지 못하게 만든다.

환불하러 갔을 때 직원이 미세하게라도 미간을 찌푸리거나 퉁명스럽게 대할 낌새가 보이면 지혜 씨나 나 같은 스타일은 미련도 두지 않고 발길을 돌린다. 어떻게 환불을 받겠다고 용기를 냈다 하더라도 마치 죄인이라도 된 듯 미안해하거나 어설프게 버벅거릴 것이다. 한편 앞서 지인과 같은 사람은 직원이 불친절하더라도 그 정도는 감수할 만한 가치가 있다고 판단하며 개의치 않고 자신의 권리를 행사한다.

재밌는 점은 각자 어디에서 더 고통스러운 감정을 느끼느냐로 선택이 갈라진다는 점이다. 1만 원의 이득보다

5천 원의 손실에 더 민감하게 반응하는 것을 '손실 혐오'라고 하는데 손실도 다시 정서적 손실과 물리적 손실로 나눌 수 있다.

- 정서적 손실 체면, 자존심, 자기애, 자존감 등 정서적 자산에 대한 피해
- 물리적 손실 기회비용, 인맥, 현금 같은 물리적 자산에 대한 피해

환불하지 못하는 그룹은 체면이나 자존심이 구겨지는 식의 정서적 손실에 큰 고통을 느끼는 이들이다. 한편 환불을 거뜬히 해내는 그룹은 물리적인 손실에 더 큰 고통을 느낀다. 그러니 환불도 못 하는 바보라고 자책할 것이 아니라 나는 정서적 손실에 유독 민감한 사람이라고 생

각을 전환할 필요가 있다. 의사 결정의 기준이 다를 뿐 누가 맞고 틀리고의 문제가 아닌 것이다.

아직 환불은 못 하지만 교환은 가능하다

환불을 못 하는 자신을 비난하기보다 단계적으로 고쳐 나가면서 자신감을 쌓는 과정이 필요하다. 나 역시 30대 까지는 환불을 한 번도 해보지 못했다.

하지만 의대와 레지던트 생활, 박사 과정과 대학병원 근무 이후의 개업 준비 등 사회생활을 하는 과정에서 출 몰하는 다양한 변수에 부딪히면서 내 마음 안쪽에도 굳 은살이 생겨나기 시작했다. 이 덕에 환불이나 반품에 대 한 진입 장벽이 이전과 비교해서는 많이 낮아졌다.

살아보니 환불보다 더 큰 용기가 필요한 일들이 산적 했고 때로는 싸움닭이 되어야 할 상황까지도 펼쳐졌다. 그러면서 나도 모르는 새 맷집이 생겨난 것이다. 어쩌다 보니 생겨난 굳은살과 맷집 덕분에 '절대 환불 불가'에서 요즘은 '환불? 할 수는 있겠는데 굳이?' 정도로 변한 것 같다. 단 온라인 쇼핑몰에서 구매한 물건은 대체로 값비싼 것도 아닐뿐더러 반송비를 내고 나면 사실상 내 손에 쥐어지는 잔액이 얼마 되지 않아 여전히 환불을 꺼리는 편이다.

백화점에서 산 물건은 가격이 고가이기에 조금은 덜 미안하다. 그래도 멋쩍은 감정이 드는 때가 있는데 이때는 다른 상품으로 교환해서 가지고 온다. 백화점 환불도 아직은 절반만 가능한 상태인 것이다. 그래도 이게 어디인가. 아예 환불을 못 하는 사람에게 조금이나마 환불이 가능한 사람이 되었다는 것만으로도 뿌듯하다.

그러니 만약 환불하기가 어려운 사람이라면 한 번에 해내길 바라기보다 대면 환불은 불편하지만 비대면 환불은 가능한 정도로, 환불이 정 내키지 않으면 교환만이라도 해보는 정도로 차근차근 단계적으로 용기를 내보기를 권한다.

나는 지혜 씨에게 걱정을 좀 내려둬도 괜찮다며 이렇게 말했다.

"지금의 나는 못 해도 괜찮아요. 좀 불편하고 억울하더라도 감수하면 되죠. 그렇지만 앞으로의 나도 계속 못 할 거라고 선을 긋지는 마세요. 언젠가 사회적 맷집이 조금 더 생기고 환불도 필요하다는 욕구가 강해지는 때가 오면 그때 미래의 나는 해낼 수 있어요. 환불은 지금의 내가 못 한다고 조급하게 자책하기보다 조금은 강해진 '내일의 나'에게 맡겨두는 걸로 하죠."

우리는 살아가며 저마다 굳은살이란 걸 갖게 된다. 그러면서 상처에 대해서도 이전보다는 담담한 태도를 취할 수 있다. 지금의 나는 환불은 꿈도 못 꿀지언정 5년 후의 나는 시도라도 해볼 수 있을 것이다. 소심한 나도 했다면 여러분도 누구나 할 수 있다.

'나는 환불도 못 하는 바보네'라고
생각하지 마세요.

환불을 잘하는 사람들은
물리적 손해에 예민한 것이고
환불이 어려운 당신은
정서적 손실에 예민할 뿐입니다.

"환불할게요"라고 하는 순간
직원의 불편한 표정을 마주할 수도 있으니
쉽게 말이 안 나오는 거죠.

소심하다고 자책하지 말고
사람마다 정서적 손실에 대한 타격이
다르다는 사실을 이해해봅시다.

할 말을 못해서
결국 손해를 봐요

환불을 못 한다고 해서 내 인생이 큰 타격을 입는 것은
아니다. 하지만 즉시 조치하지 않으면 실제로 타격을 입
는 상황도 반드시 존재한다. 이런 때는 체면 생각할 겨를
없이 물리적 손실에 촉각을 곤두세워야만 한다. 전세 사
기, 다단계 가입, 돈 거래, 성과 싸움, 가스라이팅 등이 대
표적인 경우다. 이런 상황 앞에서는 '이제 와서 계약을
못 하겠다고 말하면 부동산 주인이 화내지 않을까?', '어
렵게 돈 빌려달라는 이야기를 꺼냈을 텐데 내가 거절하

면 얼마나 난감할까' 등 타인의 반응을 살피는 센서는 꺼두는 게 좋다. 다음 사례를 통해 자세히 들여다보자.

상황 1

광고주 미팅 때 자신도 동석하고 싶다며 노래를 부르던 K씨가 은영 씨에게 말을 걸어왔다. 은영 씨에게는 매번 늘 좋은 조건이 만들어지는 것 같다며 자신에게도 비법을 알려달라고 했다. 순간 은영 씨는 K씨가 왜 이런 소리를 하나 의아했지만 그냥 웃으며 넘어갔다.

그러다 오후에 열린 부서 미팅에서 감을 잡았다. 회사에서 사활을 거는 광고주 미팅이 잡혔는데 팀장이 직원들에게 이번에는 누가 참석할 거냐고 의사를 물어본 것이다. 다들 희망하는 눈빛이 역력했지만 누구 하나 자신 있게 손을 들지 못하던 찰나 K씨가 입을 열었다.

"팀장님, 돌아가면서 참석하는 게 공평하지 않을까요. 다들 가고 싶어 하는 것 같은데요."

그 순간 회의실 공기가 멈춰버렸다. K씨의 제안대로라면 지난번 미팅에 참여한 은영 씨는 제외되어야 하기 때문이다. 자신이 참여하는 게 형평성에 어긋나는 일이라고 생각하며 마음을 접으려던 순간 팀장이 나섰다.

"그때는 은영 씨가 맡은 프로젝트니까 참여한 거고, 이번엔 경우가 다른데? 이번 광고에 참여한 사람 아무도 없잖아"라며 환기했다.

'참여하고 싶긴 한데 이것까지 욕심내면 사람들과 관계가 틀어질 수도 있겠지? 다음에 좋은 기회가 오길 기다리자….' 은영 씨의 마음은 복잡해졌다.

상황 2

은영 씨의 걱정은 이뿐만이 아니다. 그녀는 최근에 이사를 했다. 회사 근처이기도 하고 보안이 잘되어 있는 원룸이라 중개인에게 연락을 받자마자 계약서에 도장을 찍었다. 하지만 드디어 원하는 집을 구했다는 기쁨도 잠시, 이사한 지 일주일 만에 집 안 곳곳에서 하자가 보이기 시작했다.

현관 도어록이 말썽을 일으켜 출근할 때마다 실랑이를 벌이는가 하면 싱크대 수도꼭지에서는 물이 샜다. 처음부터 수도꼭지 목 부분에 테이프로 감아놓은 흔적이 있었음에도 자초지종을 따지지 않고 덜컥 계약을 맺은 자신이 원망스러웠다. 둘 다 미룰 수 없는 생활형 불편이었기에 집주인에게 민원을 넣어봤지만 "기다려달라. 지금은 지방에 있으니 월말에 가서 봐주겠다"라는 말만 돌아올 뿐 아무런 조치가 없었다. 왜 월말까지 기다려야 하나 싶다가도 방을 열여섯 개나 관리해야 하니 주인도 골치가 아프겠지 싶어 참았다. 기다리다 지쳐 결국 수도꼭지는 자비로 교체했다. 도어록은 여전히 말썽이지만 불편을 감수하며 그대로 사는 중이다.

절대 물러서지 말아야 할 영역이 있다

은영 씨도 환불에 어려움을 겪은 지혜 씨처럼 물리적인 손실보다 정서적인 손실을 염려하는 쪽으로 보인다. 그러니 동료가 덫을 놓았다는 사실을 알면서도 스스로 기회를 포기하려고 하고, 집주인에게 집수리를 요청하는 대신 스스로 고쳐가며 모든 상황을 떠안는 것이다. 하지만 이제는 정서적 손실만큼 물리적인 손실에도 신경을 써야 한다. 은영 씨에게 이 점을 요청했다.

"마음이 약한 것과 별개로 물러서면 안 되는, 함부로 깎여서는 안 되는 나만의 영역이 있어요. 전 의사니까 진료 영역이 그럴 테고, 은영 씨는 광고 일을 하니 PT나 광고주 미팅이 그럴 거예요. 이때는 최대한 지키려고 노력해야 해요. 손 한번 못 써보고 포기하잖아요. 그럼 모든 화살이 은영 씨 자신에게로 향하게 되어 자칫 자존감과 자기애가 모두 손상돼요. 상황에 따라서는 물리적인 가치를 지켜내는 편이 궁극적으로 정서적인 가치를 지켜내는 결과를 가져오기도 해요."

은영 씨처럼 남을 배려하고 마음이 약한 사람은 좋은 게 좋은 거라는 생각을 바탕에 두고 있다. 그래서 물리적인 손실을 감내하고 마음의 평화를 선택한다. 하지만 이러다 보면 경우에 따라 탈이 나기도 한다. 특히 두 번째 상황은 미래에 입을 손실이 명확하게 보였다.

요즘은 세입자가 방을 빼고 나갈 때 집주인과 중개인이 방 컨디션 체크를 꼼꼼히 한다고 들었다. 은영 씨에게도 이런 일이 생기지 말라는 법이 없다. 만약 방 컨디션 체크를 할 때 주인이 "현관 도어록이 말을 듣지 않는데 다음 세입자를 위해 수리해야 한다. 당신이 사는 동안 고장 난 것 같으니 AS 비용은 책임을 져야 한다. 보증금에서 차감하고 잔금만 돌려주겠다"라고 나오면 어떻게 할 것인가. 그때 가서 불편해도 참고 산 것이라고 항변할 텐가. 만약 이런 불편을 집주인에게 이야기했다는 증거마저 없다면 꼼짝없이 당하기 십상이다.

회사 생활에서도 성과나 기회를 가지고 누군가와 불편한 상황이 만들어질 때가 있다. 경쟁 사회인데 왜 없겠는가. 이게 공적인 영역에서의 마지막 보루라면 집과 관련한 민원은 사적인 영역에서의 마지막 보루다. 참고로 보루란 마지막 방어선이란 뜻으로 은영 씨가 지켜야 할 두 개의 보루 모두 생계로 귀결된다. 회사 생활도 생계요, 집도 생계다. 그래서 그녀에게 물러서면 안 된다고 강조한 것이다. 그러자 풀이 잔뜩 죽은 은영 씨도 본인의 입장을 내놓았다.

"그래도 전 무서워요. 광고주를 만나는 미팅에 참여할 기회는 매년 주어지고, 기회는 언젠가 또 올 거라고 생각해요. 하지만 K와 관계가 불편해지면 매일 마음을 졸여야 하잖아요. 광고주와의 미팅 기회는 일을 따내서 정정당당한 방법으로 가지면 돼요. 대신 도어록 문제는 주인에게 이야기해볼 수 있을 것 같아요. 이 정도는 괜찮을 것 같아요."

이것도 좋은 방법이다. 할 수 있는 것과 할 수 없는 것을 구분하고 해볼 수 있는 것부터 해보는 것이다. 아마 그녀로서는 최선의 결정이자 중요한 첫걸음이었을 테다. 내 인생을 위해 내딛는 첫걸음, 이거면 된다. 처음부터 만보를 채울 수 없듯이 나를 위해 내보는 용기 또한 그렇다. 살면서 한 번도 내디딘 적이 없는 '문제 제기'라는 섬에 발을 내딛는 것, 이건 누군가의 것을 빼앗거나 시비를 거는 일이 아니다. 차례가 되어 내게 온 좋은 기회들을 당당히 누리겠다는 나의 결심이다.

은영 씨처럼 알아서 포기하고 모든 일을 스스로 감당하려는 이들에게 언제까지 달팽이 집에 숨는 달팽이처럼 살 수 없다는 이야기를 하고 싶다. 내 발걸음이 많이 찍히면 찍힐수록 그 걸음은 길을 만들어내고, 길이 만들어지면 더는 아무 갈등 없이 그 길로 다닐 수 있게 된다. 한 번 사는 인생인데 '내 길' 하나 정도는 내봐야 하지 않을까.

싫은 소리를 듣기 싫어서
문제를 회피하거나 혼자서 감당하다가는
피해를 보는 경우가 생깁니다.

부동산 계약을 할 때나
원하는 업무에 지원할 때
누군가가 나에게 무례하게 대할 때처럼

인생에서는 마음이 약한 것과 별개로
절대 물러서면 안 되는
나만의 영역이 있습니다.

싫은 소리
못 하는 성격

"기분이 태도가 되지 않게"라는 삶의 자세가 있다. 왠지 감정이 가는 대로 행동하면 손해를 보거나 세련되지 못한 어른으로 비춰지나 보다. 나는 이것보다 '방어기제가 태도가 되지 않도록' 하는 것이 더 중요하다고 생각한다. 본인 감정대로 행동하는 것은 어느 순간 '내가 너무 오버했나?', '나 지금 욱했네'라며 알아차리기 쉽다. 하지만 방어기제는 무의식적으로 이뤄지다 보니 내 안에서 퇴적층처럼 쌓이는 경우가 많다. 모르고 지나쳐 방어기제가 하나의 성격으로 고착하는 것이다.

우리의 무의식에는 다양한 욕구, 욕심, 감정 등이 혼재한다. 이런 것들이 내가 처한 상황 혹은 대상과 마찰을 일으켰을 때 극도로 스트레스를 불러일으킨다. 이러한 스트레스를 무의식적 갈등이라고 하는데 이때 우리 마음은 이 갈등을 해결하기 위해 정석은 아닐지라도 본능적인 수법을 동원한다. 이게 바로 방어기제다. 특히 내향적이거나 남에게 싫은 소리를 못 하는 사람일수록 방어기제로 억압과 회피를 주로 사용한다. 영민 씨가 딱 여기에 해당한다.

계약금도 못 받고 일하는데 괜찮을까요?

프리랜서 디자이너로 일하는 영민 씨는 스트레스를 받으면 먹는 것으로 푼다. 그러다 보니 폭식과 다이어트를 밥 먹듯이 하고 8킬로그램 정도는 우습게 왔다 갔다 하는 생활을 수년째 반복하고 있다. 영민 씨가 원래부터 고무줄 몸무게였던 것은 아니다. 프리랜서로 일을 시작한 뒤 생겨난 현상으로 특히 계약에 문제가 생기거나 재시안을 요구받을 때 폭식 문제가 심각해진다.

영민 씨는 새로운 프로젝트에 들어갈 때마다 계약을 맺는다. 무탈하게 진행되면 폭식 문제가 불거지지 않고 프로젝트가 마무리된다. 그런데 최근 그를 힘들게 한 사건이 있었다. 줄곧 함께해온 거래처 직원이 이번 건은 일정이 급하니 계약금은커녕 계약서도 쓰지 않고 곧바로 작업에 착수해달라고 부탁을 해온 것이다. 영민 씨는 그동안의 신뢰를 바탕으로 계약서는 되는 대로 준비해달라고 한 뒤 작업에 들어갔다.

문제는 한 달이 지나고 두 달이 지나도 계약서가 감감무소식이라는 사실이다. 한번은 큰 용기를 내 담당자에게 "계약서는 언제 받을 수 있을까요?"라고 이메일을 보냈는데 "에이, 계약서는 내가 알아서 준비하지. 작업 파이팅!"이라는 답만 돌아왔다. 이후 그는 일주일 동안 3킬로그램이나 찔 만큼 폭식이 발동했다.

걱정이 많지만 표현을 못 하는 영민 씨에게는 답답한 마음을 구체적인 혼잣말로 풀어보라고 권했다. 하고 싶었던 말을 혼잣말을 하거나 글로 옮기는 과정에서 자신도 몰랐던 속마음을 자세히 들여다볼 수 있기 때문이다. 또한 섣불리 꺼냈다가 낭패볼 수 있는 말들을 안전한 곳에 저장해두는 기능도 있다. 누구나 대나무 숲에라도 가서 임금님 귀는 당나귀 귀라고 소리라도 치고 싶을 때가 있다. 물론 나와의 진료를 대나무 숲으로 이용하며 마음의 이야기를 말로 풀어내도 되지만 매번 진료실로 달려올 수는 없는 일이다. 혼자서 해소해야 할 때 혼잣말 풀어내기를 해보면 조금이나마 마음 안의 응어리를 덜 수 있다.

계약서 이야기를 더 꺼내면 담당자가 자신을 신뢰하지 못. 해 계속 재촉한다고 생각할까 봐 말을 못 하겠어요. 그렇다고 가만히 있자니 불안해서 집중력이 떨어져요. 만약 디자인 시안을 제출했는데 마음에 안 든다고 하면 저는 돈은 돈대로 못 받고, 고생은 고생대로 하는 거잖아요. 돈도 돈이지만 이런 대우는 받고 싶지 않아요.

하루에 열두 번도 더 마음이 왔다 갔다 해요. 내가 바보 같아서 내 밥그릇 하나 챙기지도 못하나 싶기도 하고. 그렇다고 담당자와 불편해지는 건 싫어요. 말 못 할 사정이 있을지도 모르잖아요. 그냥 계약서 문제를 매듭짓지 않고 작업에 착수한 제가 한심해요.

자책감이 들 때마다 먹는 것으로 풀게 돼요. 당장 내 마음대로 할 수 있는 건 먹는 것뿐이니까. 먹기라도 해야 초조함이 풀리면서 그나마 집중이 되고요. 하루라도 빨리 작업을 마치고 어떤 결론이 나버렸으면 좋겠어요. 지금으로서는 이게 최선인 것 같아요.

아마 선생님 앞에서 이런 이야기를 하면 타인의 잘못과 자신의 잘못을 구분하라고 하시겠죠. 상대방이 계약서를 제대로 써주지 않은 잘못에 대해서 자신에게 손해가 되는 방식으로 풀지 말라고요. 그런 생각을 하니 오늘은 영화를 보든 게임을 하든 다른 걸로 스트레스를 풀어봐야겠어요.

　이처럼 상대에게 전달하지 못한 마음을 말이든 글이든 풀어보면 무엇이 문제인지, 개선할 부분은 무엇인지 한눈에 잡힌다. 거기다 내 진료에 익숙한 영민 씨는 이런 상황에서 내가 해줄 조언까지 상상할 수 있었다.

　영민 씨는 내적 갈등이 심해지거나 좌절을 겪었을 때 이를 겉으로 드러내는 것을 극도로 경계했다. 상대를 불편하게 해서 자신도 신경 쓰이는 상황을 만들고 싶지 않아서다. 그래서 자신의 감정이나 욕구를 억누르다가 폭식으로 터지는 게 반복된 것으로 보인다.

　'나만 참으면 모든 사람들이 평온해', '괜히 말 한마디 잘못해서 긁어 부스럼 만들지 말자', '알아서 비바람이 지나갈 거야. 그때까지만 참으면 돼' 같은 생각은 억압이 동원될 때 마음에서 내는 소리들이다. 억압은 미성숙한 방어기제 중 하나로 당장 처리하기 곤란한 감정이나 불편한 생각을 안 보이는 곳으로 밀어 넣도록 만든다. 다툼을 싫어하거나 남에게 피해 입히는 것을 꺼리는 사람이 주로 사용하는 방어기제다. 나는 영민 씨에게 문제가 된 상황을 객관적으로 파악할 필요가 있음을 일러주었다. 바로 여기에서부터 숨겨진 욕구를 꺼내는 작업이 시작되기 때문이다.

내 마음 편하자고 억압을 계속 내버려둔다면 계속해서 내 욕구를 무시하고 업신여겨야 한다. 문제는 '계약서는 꼭 지금 안 써도 되니까', '왜 이후로 아무 언급도 없는 거지'라는 억압이 내 자존감을 갉아먹고 그런 대우만 받도록 길을 만든다는 데 있다. 이것까지는 피해야 한다. 무엇보다 먹고사는 문제에 관한 것이라면 적극적으로 대응해야지 피한다고 해서 될 일이 아니다.

영민 씨는 지금 왜 마음이 불편하고 어떤 것을 염려하는지 스스로 인지해야만 한다. 그래야 이것을 토대로 문제 상황을 개선해나갈 수 있다. 사람이 코너에 몰리면 본질과는 상관없는 엉뚱한 문제를 가지고 기를 쓰게 된다. 이런 최악의 상황은 피해야 한다. 지금 영민 씨에게 가장 필요한 것은 자신이 처한 상황을 객관적으로 바라보는 연습이다. 이런 측면에서 혼잣말 풀어내기는 감정에 휘둘리지 않고 자신의 모습을 인식할 수 있도록 도와준다.

과도한 남 걱정도 관성이다

'지금 이 문제로 속을 썩고 있네. 그래서 급격하게 당이 떨어진 거네'라는 상황 파악이 이뤄진다면 그다음에는 나와 상대방 사이에 마음의 선을 그어서 구분해보는 것이 필요하다. 상대방 모르게 하는 일이니 실제로 관계가 틀어질까 봐 걱정하거나 불안해하지 않아도 된다.

영민 씨는 혼자서 과도하게 생각 공장을 돌리는 경우가 많다. 스스로 잘못한 것이 없고 서로의 처지가 다르다 보니 불거진 문제임에도 영민 씨 혼자서 을이 되었다가 갑이 되어보는 등 양쪽 입장의 대변인 역할을 열심히 수행하고 있었다. 객관적인 지표가 되어줄 마음의 분필이

나	상대방
경제적 손실에 대한 불안	일을 빨리 처리하기 위한 욕구

필요한 이유다.

　마음의 선을 만드는 방법은 간단하다. 우선 나와 상대 사이에 빗금 하나를 그어 주체를 분리한다. 그다음 내 사정과 상대방의 사정을 각각 한 줄 정도로 정리해 적어보는 것이다.

　방어기제로 억압을 주로 사용하는 사람이라면 평소 남을 배려하는 성향이 짙은 만큼 상대가 처한 상황 정도는 머릿속으로 쉽게 그려볼 수 있을 것이다. 현재 영민 씨의 사정은 '계약금 미지급, 계약서 미체결에 대한 불안' 정도로 정리해볼 수 있다. 상대방의 사정은 '빨리 매듭지어야 할 작업, 일정 체크'가 될 수 있다.

여기서 중요한 점이 있다. 영민 씨는 담당자가 바빠서 계약서를 챙길 여유가 없을 것이라고 남 걱정만 해오던 관성에서 벗어나야 한다. 나도 생계를 꾸려야 하는데 계속 이런 식이면 함께 일하기 힘들 것 같다고 내 걱정도 추가해야 한다. 내 걱정과 남 걱정을 동등한 수준으로 하기 위함이다. 이런 과정을 거쳐 그동안 억압하기 바빴던 나의 요구에도 자연스럽게 정당성이 생기기 시작할 것이다.

'이런 요구 정도는 해도 되지 않을까?', '그동안 쌓아온 관계가 있으니 지금은 그냥 하더라도 이후에는 확실히 계약서를 체결해야겠어', '계약서 처리가 시스템화된 곳하고만 일해야겠다'와 같이 내 요구 사항이 생겨나는 것이다.

마지막으로 그가 자기주장을 했을 때 돌아오는 상대의 반응에 너무 연연하지 말 것을 부탁했다.

"한 번에 원하는 바가 이뤄지면 좋겠지만 상대의 반응이 안 좋을 수 있어요. 그래도 영민 씨 자신을 위해 목소리를 내보잖아요? 그럼 자존감이 '뿜' 하고 올라와요. 딱

이 정도만 되어도 억압의 영향권에서 벗어나는 데 도움이 돼요."

조금씩 내 목소리를 내다 보면 자존감이 올라가면서 지금까지는 낮은 자존감으로 만났던 사람이라도 이전보다는 나아진 모습으로 대할 수 있게 된다. 사람이 참 재밌는 게 나만큼이나 상대방도 달라진 분위기를 금방 감지한다. 뭔가 달라졌다고, 말에 힘이 들어가 있다고 느낄 것이다. 시간이 좀 걸리긴 하겠지만 싫은 소리를 하지 않고도 나의 달라진 분위기만으로 상대방의 태도를 바꾸는 훌륭한 전략일 수 있다.

'괜히 말 한마디 잘못해서 분위기 망치지 말자.'

남에게 싫은 소리를 못 하는 사람일수록
방어기제로 억압과 회피를
사용하고 있을 확률이 높습니다.

불만이 쌓이는 상황이 온다면
꾹꾹 눌러 담지 말고
억눌린 마음을 혼잣말이나 글로 풀어내보세요.

글로 옮기는 것만으로도 스트레스가 해소되고
상황을 객관적으로 파악할 수 있어
감정적으로 행동하지 않도록 도와줍니다.

참는 게 무조건
나쁜 것은 아니다

방어기제란 극도의 스트레스나 위기 상황에 처했을 때 그것을 견디기 힘들어 무의식적으로 꺼내 드는 방패다. 방어기제는 크게 승화, 유머, 이타심과 같은 성숙한 방어기제와 회피, 억압, 퇴행과 같은 미성숙한 방어기제로 나뉜다. 사람들은 둘을 번갈아가며 사용하는 경우가 대부분이니 미성숙한 방어기제를 사용했다고 해서 자책할 필요는 없다. 또한 성숙한 방어기제를 사용한다고 해서 불안이 말끔하게 사라지는 것도 아니다. 그래도 불안을 다룰 수 있는 수준으로는 만들 수 있다.

　일본의 설치 미술가 쿠사마 야요이^{Kusama Yayoi} 하면 떠

오르는 작품이 있다. 바로 노란 바탕에 검은 점이 연달

아 찍힌 〈노란 호박〉이다. 코로나 사태가 미술 업계에 직격탄을 날렸을 때도 경매시장에서 최고가를 경신할 만큼 국내에서도 인기가 상당하다. 하지만 이런 그녀에게도 남모를 아픔이 있는데 어린 시절부터 가지고 있던 강박증이 그것이다. 정신과 의사에게 정신증을 동반한 강박장애라는 진단을 받을 만큼 병리적인 상태였다. 실제 쿠사마 야요이는 물방울무늬가 둥둥 떠다니며 자신의 몸에 달라붙는 환영을 겪은 적이 있다고 고백했다.

그럼에도 그녀는 자신의 질환을 예술 소재이자 도구로 삼아 세계적인 아티스트로 성장하는 발판으로 삼았다. 내면의 상처를 예술로 빚어낸 진정한 의미의 승화를 이뤄낸 것이다. 승화는 성숙한 방어기제 중 으뜸이다. 여러분에게 이러한 경지에까지 올라야 한다고 요구하는 것은 아니다. 이건 나에게도 어려운 일이다. 다만 자신의 가치관과 신념을 반영한 방어기제를 택하라고 말하고 싶다.

자신에게 어울리는 방어기제가 있다

~~~

진료실에서 하도 자기 탓만 하는 경우를 주로 만나왔기 때문인지 이들에게 '내 탓의 무용론'을 펼치기보다 실질적인 지침을 주고 싶다는 생각을 하게 되었다. 그래서 떠올린 게 성숙한 방어기제나 미성숙한 방어기제가 아닌, 내 신념을 반영한 그저 나에게 맞는 방어기제를 채택하는 방법이다.

"살면서 그렇게 화를 내본 적이 처음이었어요. 저도 욕도 할 줄 알고 소리도 지를 수 있더라고요. 상대도 상대지만 제가 더 놀랐어요. 그런데 곧장 후회가 밀려오더라고요. 제가 손해를 보는 것보다 무지막지하게 화를 내는 게 저에게 더 상처가 된다는 것을 알았어요. 굳이 화를 내면서 무언가를 챙기고 싶지 않아요. 그냥 손해 보면서 살래요."

이 남성은 항상 남에게 맞춰주는 성격이었다. 어느 날 이런 모습을 답답하게 여긴 아내가 무시하듯 "당신은 그렇게 항상 당하기만 하니 평생 그러고 살지"라고 툭 던진 말에 '나도 이제는 내 목소리 좀 내면서 살아야겠다'는 마음이 들었다고 한다.

그런데 막상 해보니 지금까지 살아온 방식과 너무 달랐던 것이다. 순간 어쩌면 이 남성은 누군가를 공격하는 방식과는 맞지 않을지도 모르겠다고 생각했다. 본인에게 익숙한 방어기제를 사용하면서 살아가는 게 오히려 더 나을 것 같았다. 자기만의 신념이나 가치관이 반영된 방어기제라면 승화나 이타심 못지않은 성숙한 방어기제가 될 수 있다는 사실을 이 경험을 통해 확인했다.

친구들끼리 여행을 갈 때면 숙소나 렌터카 예약, 총무 및 장보기 등 잡무를 도맡아서 하는 사람들이 있다. 이런 사람들은 서로 눈치만 보고 미루는 상황이 싫어 자신이 나서는 거라고 말한다. 나의 편안함보다 행복한 여행이라는 가치관을 선택한 모습이 엿보인다.

감정의 골이 깊어져 인신공격으로까지 번지고 만 싸움

에서도 서로 치고받고 싸우다가 그만하자며 먼저 져주는 제스처를 취하는 쪽이 있다. 분쟁이 귀찮아서 회피하는 것일 수도 있지만 감정이 최고조에 다다를 때 져주는 시늉을 하기란 쉬운 일이 아니다. 이 사람 또한 '이 이상 낮아지지는 말자', '상대의 치부를 들먹이면서까지 이 싸움에서 이기지 말자'라는 스스로의 선을 선택한 것이다.

꼭 마더 테레사나 간디처럼 세계 평화를 위해 삶을 바치는 사람만이 멋진 것이 아니다. 이들처럼 눈앞에 있는 한 사람의 자존감을 배려해 스스로 물러선 사람 역시 위인이며 성숙한 방어기제를 가졌다고 볼 수 있다.

이를 모르는 이들은 왜 매일 바보같이 참고 사냐고, 양보만 하고 살면 네 인생은 언제 살 거냐고 묻는다. 하고 싶은 말이 있으면 하고 살라고 충고하기도 한다. 하지만 당사자의 생각은 다르다. 조금 더 챙기겠다고 큰소리 내는 게 싫고 다른 사람 눈에 피눈물 흘리게 하면서까지 내 이익을 좇고 싶지는 않다는 본인의 가치관을 반영한 방어기제를 훌륭하게 사용하고 있을 뿐이다.

여러분은 이런 생각을 해본 적이 있는가? 요즘처럼 자기 잘난 듯 으스대며 손해는 눈곱만큼도 안 보려는 사람이 많아지는 세상에서 그래도 우리 사회가 이만큼 돌아가는 데는 다소 손해를 보더라도 내적인 도덕을 지키며 사는 이들이 보이지 않는 곳에서 떠받치고 있기 때문이라는 생각 말이다. 이런 사람들은 누구보다 더 존귀하다. 그러니 만약 본인도 그러하다면 '착하다는 소리는 욕인데', '나는 싸움도 못 하는 바보야'라고 생각하기보다 무엇이 더 중요한지를 아는 어른으로 자신을 대우해주었으면 좋겠다.

나에게 어울리는 옷이 있듯이
나에게 맞는 방어기제가 따로 있습니다.

누군가는 왜 이렇게 참고 사냐고
바보 같다고 말하지만
큰소리치고 상대방을 몰아세운 뒤
마음이 불편하다면
나에게 맞는 방법이 아닌 겁니다.

내가 조금 참더라도
갈등이 없는 것이 편하다면
당신은 자기만의
성숙한 방어기제를 가진 사람이에요.

PART 3

결정을 잘하는 사람이 되고 싶어요

후회 없는 선택을 위해 멀리 보는 법

충분히 원하는 선택을
할 자격이 있다

글로벌 위생 브랜드 도브Dove에서 진행한 리얼 뷰티 캠페인 중 하나로 당신의 아름다움을 직접 선택하라는 메시지를 담은 '#ChooseBeautiful' 실험이 있다. 상파울루, 샌프란시스코, 런던, 상하이 등 주요 도시의 건물 하나를 선택해 왼쪽 출입문에는 "Beautiful(나는 아름답다)" 간판을, 오른쪽 출입문에는 "Average(나는 평균이다)" 간판을 큼지막하게 붙여놓고 여성들이 어느 쪽으로 통과하는지 지켜보는 실험이었다.

실험은 일주일 정도 진행되었다. 처음에는 대부분의 여성들이 멋쩍어하며 '나는 평균이다' 문으로 들어갔다. 그러다 3일쯤 지나자 여성들이 조금씩 '나는 아름답다' 문 쪽으로 발길을 돌리는 모습이 포착되기 시작했다. '당신은 아름다운 여성입니까'라고 묻는 이 실험에 '저는 아름다운 여성입니다'라고 답하기까지 약 3일의 시간이 걸린 것이다.

내게도 좋은 일이 생길 수 있다

도브가 선보인 이 캠페인에는 '타인의 시선', '긍정 심리', '선택'이라는 꽤 굵직한 인생의 테마가 숨어 있다. 첫째가 타인의 시선이다. 어느 문으로 들어갈지를 고민하는 순간 사람들은 자신의 시선에 더해 이런 나를 바라보는 타인의 시선까지 의식하게 된다. 도시 한복판에 자리 잡은 빌딩 정문에서 이뤄지는 실험인데 얼마나 보는 눈들이 많겠는가. 내가 생각하는 내 모습은 물론 타인의 시선에 비춰지는 내 모습까지 신경이 쓰이는 것도 이상한 일은 아니다.

이때 자기 시선과 타인의 시선의 비율을 어느 정도로 배분했는지 점검해보면 자신이 어느 쪽을 더 의식하는 사람인지 알 수 있다. 평소 타인의 눈치를 많이 살피는 이들이라면 타인의 시선을 강하게 의식하며 출입문을 정했을 테고 마이웨이가 강한 사람이라면 실험이 이뤄지는 그날 자신의 모습에 대한 만족도를 기준으로 결정했을 것이다.

두 번째 키워드는 긍정 심리이다. 불안하거나 불편한 상황에 처했을 때 부정적인 부분은 좀 미루고 긍정적인 면부터 보자는 게 긍정 심리학의 핵심이다. 실제로 긍정적인 부분이 엄연히 존재함에도 눈에는 잘 보이지 않을 뿐더러 부정적인 요소부터 찾아야 좀 더 마음이 편안해지는 때도 있다.

우리는 보통 '안 될 거야', '저렇게 바빠 보이는데 내 부탁을 들어주겠어? 당연히 거절하겠지'처럼 부정적인 생각부터 깔고 보는 경향이 있다. 그런데 도브 실험에서 흥미로운 점은 처음부터 긍정적인 단어인 Beautiful을 참가자들에게 보여주었다는 점이다.

이것이 결과에 영향을 주었다. 평소 같았으면 '나는 못생긴 편이지'라고 생각하던 이들도 'Beautiful도 있네. 이것도 선택해볼까'라는 생각을 하게 되고 행동으로 옮길 수 있었다. 이처럼 좋은 면을 보려고 노력하는 것은 결국 정신건강을 지키는 데 큰 도움이 된다.

'나에게도 언젠가 좋은 일이 생겨날 수 있다'라는 생각으로 자꾸 의도적으로 긍정적인 부분을 찾고 또 가지려고 노력해야 한다. 그러면 마침내 좋은 기회들이 왔을 때 머뭇거리거나 포기하는 일 없이 '쓰윽' 내 호주머니에 그것을 넣을 수 있을 테니까.

타인의 시선에 압도되지 마라

자존감이 낮거나 소심한 사람들이 결정을 할 때 보이는 공통점이 있다. 남들이 선택하고 남은 것을 고르거나 아무도 선택하지 않는 옵션을 선택하는 것이다. 좋은 것이 있어도 눈길조차 안 주는 경우도 잦다. 타인의 시선을 의식한 탓이기도 하고 자신에게는 과분하다는 부정적인 생각이 먼저 들기 때문이기도 하다.

유독 자신에게 엄격한 이들은 긍정적인 영역을 선택하기까지 남들보다 배 이상의 용기와 시간이 필요하다. 누가 봐도 성과가 나올 법한 기회인데 머뭇거리고, 값비싼 것이 아님에도 선뜻 자신이 원하는 것을 말하지 못한다. 눈치를 보는 것을 넘어 그 시선에 압도를 당해버리는 것이다.

이런 성향이라면 타인의 시선을 제거해서 생각해볼 필요가 있다. 오롯이 자기 자신만 남은 상황에서 결정해보는 것이다. 이런 상황에서도 나에게 좋은 것을 주기를 망

설인다면 이는 타인의 시선과 상관없이 내가 나를 보는 관점이 부정적인 것이니 자존감 관리에서 답을 찾아야 한다.

나라는 한 사람이 있다고 할 때 내 중심에는 자존감이, 그 주변으로는 확장된 개념인 자기애가 있다. 비유를 하면 자존감이 안방이라면 자기애는 안방에 딸린 발코니가 된다. 안방이 튼튼하게 자리를 잡고 있어야 발코니 확장을 계획하면서 그곳에서 보낼 시간을 꿈이라도 꿔볼 수 있는 것이다.

그런데 간혹 변변한 안방조차 없는 사람들이 있다. 이렇게 자존감이 빈약한 사람이 있다면 당신에게도 언제든 좋은 일이 일어날 수 있다고, 그것을 가질 만한 자격이 충분하다고 이야기해주고 싶다. 다만 이를 받아들이기까지 남들보다 시간이 조금 더 걸릴 뿐이다. 내가 먼저 나의 손을 잡아보는 것도 용기요, '나는 아름답다'라는 출입문으로 걸어 들어가보는 것도 자신을 사랑하는 방법일 수 있다.

눈앞의 선택지가 전부는 아니다

도브 실험에 숨겨진 세 번째 키워드는 바로 선택이다. 결정에 대한 문제는 진료실에서도 자주 등장하는 주제다. 자기 확신이 없다 보니 결정을 내리기가 어렵고, 작은 걸 결정하는 것도 너무 힘들고 피곤하며, 결정을 잘하는 사람이 되고 싶어 한다. 한 번의 선택으로 인생 전체가 바뀌는 것도 아닌데 사소한 선택까지도 마치 운명의 주사위처럼 받아들이니 매 순간 결정하기가 너무 힘든 것이다.

물론 좋은 부모를 만나고 재능을 타고나는 것 못지않게 순간의 선택을 잘하는 것이 인생의 숨통을 트여주는 요소로 작용하기도 한다. 그동안 지방 국립대병원부터 서울대병원까지 다양한 환경에서 여러 동료 의사들을 만났는데 어디에 가나 인생의 진로가 완벽한 '난 놈'이 한 명씩은 존재했다. '저 친구는 전생에 나라를 구했나. 능력도 능력이지만 운도 왜 저렇게 좋아?'라는 생각이 들게하는 녀석 말이다. 이런 친구는 선택도 남보다 빠를뿐더러 결과마저 좋다. 그 시기에 필요한 선택을 해나가는 능력이 탁월한 건데, 여기에서 핵심은 결과가 완벽한 선택을 하는 것이 아니라 나의 시기에 적절한 선택을 하는 것이다.

얼핏 보면 한 번의 선택으로 운 좋게 인생을 사는 것 같지만 결코 그렇지 않다. 그 선택을 하기까지 부단하게 준비했고, 선택한 뒤에는 결과를 만들기까지 치열하게 노력했다. 그러면서 적절한 시기마다 선택을 단계적으로 해왔기에 우리가 보기에 부러운 결과까지 만들어낼 수 있는 것이다. 완벽한 선택을 들여다보면 사실은 이를 위한 준비 과정과 시기적절한 선택, 그 선택 이후의 노력 그리고 이러한 선택을 차곡차곡 반복한 내공의 힘까지 똘똘 뭉쳐 있다.

도브 실험에서 '나는 평균이다' 문으로 가느냐, '나는 아름답다'의 문으로 가느냐도 하나의 선택이다. 단순히 양자택일처럼 보이지만 내가 만나본 선택의 달인들은 선택을 하나의 결과가 아닌 과정으로 바라보았다.

도브 실험에서 구체적인 질문은 나오지 않았지만 만약 "당신은 지금 어떤 사람입니까?"라고 물었다면 나 같아도 '나는 아름답다' 문으로 들어가기를 주저했을 것이다. 하지만 "당신은 과거와 지금, 그리고 앞으로 어떤 과정에 있는 사람입니까?"라는 질문이었다면 충분히 '나는 아름답다' 문으로 들어갈 수 있다. 현재의 결과물이 아니라 문을 통과하기 전과 이후, 자신이 만들어왔고 만들어갈 과정에 더 큰 관심을 둘 수 있다면 충분히 나에게 긍정적인 선택을 할 수 있다.

선택을 잘하는 사람이 되려면 눈앞의 선택지 자체만이 아니라 그 선택에 연결된 과정을 생각해봐야 한다. 선택을 하기 위한 과정과 선택을 하고 난 이후의 미래에 이어질 과정까지 그려보는 것이다. 선택의 시야를 좀 더 넓혀서 장기적인 관점에서 바라본다면 나의 감정이나 주변의 눈치에 휘둘리는 일을 피할 수 있다. 결과론적으로도 좋은 선택을 할 수 있게 되는 것이다.

PART 3

결정을 잘하는 사람이 되고 싶다면
당장 눈앞의 선택지에만
초점을 맞추지 마세요.

선택을 하기까지 쌓아온
나의 노력을 인정해주고,
선택한 이후 삶을 만들어갈 나의 의지가
더 중요하다는 사실을 기억합시다.

이처럼 장기적인 관점으로
삶을 바라보는 사람만이
현명한 선택을 할 수 있습니다.

'잘하고 싶다'와
'잘할 수 있을까?'

출근할 때마다 지하철역 근처에만 가면 공황발작이 일어나서 급하게 병원으로 달려온 준희 씨는 전형적인 워커홀릭이다. 처음부터 일 욕심이 많은 것은 아니었다. 평소 믿고 따르던 선임이 프로젝트를 잔뜩 따오고는 갑자기 이직을 한 탓에 하루아침에 그 프로젝트를 다 떠맡게 되면서 문제가 시작되었다. 이전에는 그녀도 워라밸을 적당히 즐기는 직장인이었는데 쏟아지는 일을 모두 감당하다 보니 몸과 마음에 과부하가 걸리고 만 것이다.

나는 준희 씨에게 "욕심도 불안이라 공황 증상을 자극합니다"라고 이야기했다. 워커홀릭으로 진료실을 찾은 이들에게 이 말을 하면 대부분 놀란다. 얼핏 보면 욕심과 불안은 전혀 관련이 없어 보이기 때문이다. 하지만 잘하고 싶다는 욕심이 생겨나는 순간 불안도 시작되기 마련이다.

공황장애는 불안장애 중 하나로 욕심이 지나칠 때 출몰하는 대표적인 질환이다. 처음에는 욕심이 나는 만큼 좋은 결과물을 보여줄 수 있을까 하는 정도의 불안이 생겨난다. 조건도 나쁘지 않고 이 정도면 해볼 수 있겠다는 생각이 들 무렵 주변에서 거들면 떠밀리듯이 욕심의 세계에 입문하게 된다. 준희 씨가 바로 그런 케이스다.

내가 다 떠안아야 한다는 생각도 욕심이다

준희 씨도 처음엔 어쨌든 해야 하는 일인 데다가 '지금 나 말고 책임질 사람도 없다'는 마음으로 선임이 따온 프로젝트에 손을 대기 시작했다. 이렇게 자의 반 타의 반으로 욕심의 세계에 발을 들였고 기대치가 올라가게 되면서 무리를 하게 되었다. 여기서 끝이 아니었다. 무리를 한만큼 좋은 결과물이 나와야 한다며 밤낮으로 자신을 다그쳤다. 마침내 감당할 수 없는 시점이 오면서 몸과 마음에 과부화가 걸려 공황발작으로 나타난 것이다.

그렇다고 욕심 하나 때문에 공황장애에 걸리면서까지 무리한 것은 아니다. 그녀는 애초부터 중간 관리자 이상은 욕심을 낼 생각이 없었다고 한다. 다만 퇴사한 선임 자리는 총 책임자급을 구하는 일이니 회사에서는 시간이 필요했고 사람을 구하기 전까지는 준희 씨가 팀을 이끌어주기를 기대했다. 하루아침에 과도한 책무가 주어진 것이다. 그녀 말대로 욕심을 부린 결과라기보다 어쨌든 해야 할 일을 했을 뿐이다.

준희 씨를 비롯해 책임감이 강한 사람일수록 자기 욕심이 10퍼센트라면 나머지 90퍼센트는 타인의 기대에 부응하고자 하는 마음 때문에 무리를 하다가 공황장애를 겪을 수 있다. 어느 조직에서나 들어오는 일을 군말 없이 처리하는 반장 같은 직원이 있는데 하필 준희 씨가 그랬다. 곧 나가는 직원의 일도 내 것, 신입이 하다 만 일도 내 것, 선임이 가지고 온 일도 내 것, 원래 내 일도 내 것이었다. 이렇게 팀의 모든 일을 떠맡다가 공황장애를 겪는 사람이 한둘이 아니다.

그런데 순전히 자기 욕심 때문에 무리를 해서 공황장애가 찾아왔든 과도한 책임감 때문에 공황장애에 시달리든 둘 다 동기만 다를 뿐 인정의 욕구가 높다는 점에선 동일하다.

본래부터 자기 욕심이 많은 사람에게 욕심은 탁월한 성과와 타인의 인정, 두 마리 토끼를 잡고자 하는 마음이다. 반면에 준희 씨처럼 책임감이 강한 사람의 욕심은 '그냥 내가 다 안고 가자', '제때 못 끝내면 욕먹을 거야'라며 인정의 감가상각을 염려하는 마음이다.

더 높은 인정을 추구하거나 더 낮아지는 결과를 방어

하거나 둘 다 모양만 다를 뿐 인정의 욕구를 실현하고 싶어 한다는 점이 동일하다. 우리는 이것을 인정 불안이라고 부른다. '인정받고 싶어 죽겠어'와 '인정을 못 받으면 어떡하지'는 온도만 다를 뿐 결국 타인에게 보이는 내 이미지를 지키고 싶어 한다는 점에서는 다르지 않다.

두 가지 불안이
동시에 올라올 때

준희 씨와 대화를 나누다 보니 어떤 프로젝트를 맡을지 말지를 고민할 때 무의식적으로 출몰하는 양가감정 때문에 이러지도 저러지도 못하는 모습이 자주 눈에 띄었다. 나 역시 결정해야 하는 상황에서 양가감정을 많이 느끼는 편이다.

양가감정이란 '이 음식을 좋아하는데 또 먹기는 싫어', 'A에게 고백을 받고는 싶은데 막상 받으면 부담 될 것 같아'처럼 동일한 사안을 두고 정반대의 감정이 동시에 올라오는 것을 말한다. 결정하기를 어려워하는 이들이 양가감정의 덫에 걸리는 경우가 많다.

양가감정의 덫을 일에 대입해보면 프로젝트를 잘하고 싶은 마음(욕심)과 잘할 수 있을까(능력)에 대한 불안이 동시에 드는 상황이라고 할 수 있다. 이때는 두 가지를 시소 양쪽에 각각 올려놓고 더 무거운 쪽을 선택해 대처하면 된다. 문제는 준희 씨 같은 사람에게는 고장 난 시소처럼 '잘할 수 있을까'와 '잘하고 싶어'라는 두 불안이 같은 높이로 올라온다는 점이다. 이 프로젝트를 다 하겠다고 하면 머리가 아플 것 같은데 막상 하면 못 할 것도 없다는 생각이 드는 것이다.

특히 그녀처럼 갑자기 모든 것을 떠안아야 하거나 순식간에 불확실한 상황에 처해질 때 양가감정이 자주 출몰한다. 충분히 고민해보고 선택할 여유가 없으니 더 초조해진다.

그렇다면 준희 씨는 이 상황을 어떻게 극복해나가야 할까? 한쪽의 불안을 붙잡고 다른 한쪽을 포기하면 될까? 내가 가져온 일은 아니지만 주어진 일이니 무리를 해서라도 결과물을 만들어내거나, 내가 가져온 일도 아니고 다른 일도 있으니 무리해서 부담을 질 바엔 깔끔하게 포기하는 것 중에 하나를 고르면 되는 걸까?

이 글을 읽는 분들도 여기서 어느 한쪽을 택하는 것이 정답이 아니라는 건 직감할 것이다. 그렇다. 때로는 우리가 두 가지 영역의 상충되는 불안을 모두 다 감당해야 할 때가 있다. 인생에 두 가지 갈림길에서 단 하나를 선택해야 하는 상황만 있다면 참 단순하고 좋겠지만 절대 그렇지 않다. 중간이라는 제3의 방법도 생각해야 하기 때문이다.

우선 준희 씨에게 이렇게 물었다.

"원한 건 아니지만 일이 맡겨진 입장에서 그 프로젝트를 못 하겠다고 회사에 이야기할 수 있으세요?"

준희 씨는 아주 잠깐 고민을 하더니 이내 그건 어렵겠다고 한다. 승진도 앞두고 있는 상황에서 회사에 밉보일 수는 없었다. 다시 물었다.

"그러면 지금까지 해온 것처럼 끝까지 이 프로젝트를 혼자 해낼 수 있을까요?"

이 질문에는 고민의 여지도 없이 공황장애가 더 심해져서 힘들 것 같다고 답했다. 그렇기에 이제부터 이 고민은 선택의 영역이 아니라 두 마리 토끼를 다 잡는 시도를 하는 고민으로 바뀌었다.

결국 방법은 상사와 상의를 해서 이 일을 자신이 맡아 진행할 수 있도록 회사의 지원을 받는 동시에 회사에서 목표치를 현실에 맞게 재조정하는 데 있었다. 준희 씨 혼자 일을 하지 않도록 같이 일할 팀원을 배정하고 회사에서도 상황이 바뀐 만큼 프로젝트 성과 기준을 낮추는 거다. 준희 씨도 그런 방향으로 일을 진행하기 위해서 회사와 어떻게 이야기할지 그리고 자신도 혼자 일을 다 떠안으려는 성격을 어떻게 바꿔나갈지 함께 고민했다.

마지막으로 나는 준희 씨에게 공황장애로 판단한다

는 병가용 진단서를 써주었다. 갑자기 병가용 진단서라고 하니 엉뚱하긴 하지만 여러 상황을 같이 이야기하면서 그녀에게 이 서류가 꼭 필요하겠다고 판단했다. 회사의 크고 작은 압박으로 자신의 건강이 더 나빠질까 염려하는 불안이 여전히 남아 있었기 때문이다.

"그런데 만약 회사에서 프로젝트와 관련한 일은 더 시키면서 도와주지는 않고 제 공황장애가 더 심해지면 어떡하죠?"

현실적으로 회사에서 준희 씨를 이렇게까지 가혹하게 압박할 가능성은 낮다. 그렇지만 우리는 그 낮은 가능성에 다시 불안해한다. 나는 병가용 진단서를 써주면서 말했다.

"병가용 진단서를 당장 제출해서 병가를 받으라는 건아니고요. 그냥 회사 책상 서랍에 넣어두세요. 그리고 만약 방금 이야기하신 것처럼 내 건강에 부담을 느낄 정도로 회사에서 일을 강요하는 상황이 벌어지면 그때 당당하게 병가를 신청하세요. 지금도 공황 증상이 심해졌는

데 만약 그런 상황이 온다면 증상은 지금보다 더 심해질 겁니다. 그런 상황에서는 회사도 준희 씨 상태가 이렇다는 걸 알고 일을 다른 사람에게 맡기든 조정을 해야죠."

다행히 이 진단서를 준희 씨가 사용할 일은 없었다. 결국 진단서는 혹시나 모를 낮은 가능성이지만 나를 불편하게 만드는 불안 상황에 대처할 수 있는 일종의 보험인 셈이었다.

서로 상충하는 두 불안 사이의 절충안을 만들었다 하더라도 어디에나 불안은 남는다. 혹여 극단적인 상황이 발생했을 때 기댈 수 있는 약간의 보험이 있다면 그냥 가지고 있는 것만으로도 위안이 될 수 있다. 그리고 이 보험은 어디까지나 내가 지금 이 자리에서 불안에 휘둘리지 않고 맡은 역할을 지속해나가기 위한 힘이 된다.

책임감이 강한 유형일수록

일을 다 떠안다가

자기도 모르는 사이

엄청난 압박과 부담을 느끼게 됩니다.

그와 동시에 이 일을 잘하고 싶다는 욕심과

과연 잘할 수 있을까 하는 의심,

두 가지 양가감정으로 혼란스러워집니다.

일도 잘하고 싶고

내 마음도 잘 관리하고 싶다면

회사의 지원을 받거나 목표를 조정하는 등

두 마리 토끼를 잡을 수 있는

현실적인 방법부터 찾아야 합니다.

해야 하는 일 말고
좋아하는 일을
하고 싶어요

영민 씨는 7급 공무원으로 임용된 지 1년도 안 되어 퇴직을 고민 중이다. 힘들게 공부해서 합격한 터라 갑자기 그만둘 수도 없고 무엇보다 어려운 시험에 붙었다며 친척들에게 전화를 돌리던 부모님이 마음에 걸린다. 영민 씨는 왜 공무원을 그만두려고 하는 걸까.

우연히 웹 소설 공모전에 지원한 게 계기가 되었다. 첫 도전이었음에도 5등을 했고 이 소식을 들은 웹 소설 동호회 사람들에게 "처음이 이 정도인데 발 벗고 나서면 당선권이다", "박봉의 공무원 생활보다 웹 소설 작가가 알아준다"라는 소리를 귀에 못이 박히도록 듣는 중이다.

물론 이것 때문만은 아니다. 어릴 때부터 작가를 꿈꾸던 영민 씨에게 웹 소설은 늘 반복되기만 하는 공무원 생활의 피로를 덜어주는 도피처가 되어주었고, 도피처인 줄만 알았던 그 길에서 희망을 발견한 게 결정타였다. 그는 현재 '새 분야에 도전하는 것은 어떨까'라는 고민과 '그럼에도 안정된 직장을 그만두는 것이 맞는 걸까'라는 고민 사이에서 우왕좌왕하는 중이다.

웹 콘텐츠가 각광받기 시작하면서 진료실에서도 종종 웹툰 작가나 웹 소설 작가에 관심을 갖게 되었다는 분들을 만난다. 그런데 이렇게 진지하게 고민하는 분은 영민 씨가 처음이었다. 공모전 입상이라는 좋은 결과를 얻긴 했지만 공무원이 되기 위해 쏟아부은 노력도 무시할 수 없었기에 여러 현실을 고려하면서 대화를 진행해나갔다.

"5등이면 꽤 좋은 성적인데 그럼 공모전을 통해 실제 웹 소설 작가로 활동하려면 몇 등 안에 들어야 하나요?"

"3등이요. 3등까지는 주최 측에서 연재를 보장해주거든요."

"다음 공모전에 도전하면 3등 안에 들 확률이 얼마나 돼 보여요?"

"한 80퍼센트요. 3등은 될 것 같아요. 1등까지는 모르겠지만요."

80퍼센트의 가능성이 있다는 말을 하는 영민 씨 얼굴에 주눅 들었던 표정은 물러가고 밝고 희망찬 표정이 번졌다. 웹 소설 작가로 자신의 꿈을 이루고 심지어 돈방석에도 앉는 미래를 떠올렸을지 모른다. 그래도 나는 다시 현실적인 상황을 물었다.

"그러면 다시 도전을 하려면 어떻게 준비를 해야 하나요? 지금처럼 일을 하면서 틈틈이 작품을 준비해서 출품하면 되나요?"

"아… 그건 힘들 거예요. 아무래도 정말 연재가 될 작품이어야 하니까 시나리오도 더 탄탄해야 할 테고 원고량도 더 많아야 해요. 정말 뛰어들 거면 공무원을 그만두고 적어도 1~2년은 글 작업에 투자해야 할 겁니다."

"그래도 시험을 쳐서 합격하고 얻은 공무원 자리인데
그걸 포기하는 건 너무 위험한 결정이 아닐까요? 퇴사 말
고 다른 방법은 없을까요? 일을 하면서 더 오랜 기간 준
비해서 출품하거나 아니면 휴직을 하는 방법도 있을 테
고요."

"이런 사유로 휴직은 불가능할 거예요. 일을 하면서 작
품을 준비하기는 더욱 힘들 것 같아요. 이번 출품을 하면
서도 사실 공무원 쪽 일은 제대로 신경을 못 써서 지적도
많이 받았거든요… 그래도 이번 결과로 미루어 다음 번
작품을 쓸 때는 아예 매진하면 80퍼센트 정도 가능성은
있어 보여요. 주변에서도 그렇게 이야기하고요."

나는 잠시 말을 멈췄다. 정확히는 영민 씨의 판단을 내
입장에서 다시 생각하고 이해해보려 애썼다. 특히 오랜
기간 꿈꿔왔던 어떤 목표가 눈앞에 보이면 우리는 그것
으로부터 얻는 결과만 바라보고 싶은 욕망이 있다. 영민

씨 역시 그 희망 가득 찬 표정에서 뭐랄까, 무모한 도전이지만 주치의인 나에게까지 인정받고 싶어 하는 마음이 느껴졌다. 나는 다시 이야기를 이어갔다.

"우리 삶에서 무언가 목표를 설정하고 꿈을 이루어낸다는 건 중요하죠. 그런데 그간 노력해왔던 일을 안정적으로 하면서 꿈을 이룰 수 있는 가능성 80퍼센트와 그간 노력을 해왔던 삶의 일부를 포기하고 꿈을 이룰 수 있는 가능성 80퍼센트가 같을까요?

만약 공무원을 계속 하면서 작가에 도전할 수 있다면 그간의 삶의 성취에 꿈을 이룰 수 있는 기회까지 더해지는 것이지만, 공무원을 그만두고 하는 도전이라면 꿈을 이룰 수 있는 기회가 있다 한들 그간의 삶의 성취는 사라지잖아요. 게다가 그간의 삶의 성취는 이미 이루어놓은 결과물인데 반해 꿈을 이룰 수 있는 기회란 100이 될 수도 있지만 0이 될 수도 있고 그간의 노력과 투자를 생각하면 마이너스가 될지도 모르죠. 그렇다면 작가가 될 가능성 80퍼센트란 정말 실현 가능성이 높다고 할 수 있는 숫자일지 생각해봐야 할 것 같아요."

불안의 대표적인 부작용이 현실감각을 마비시키는 것이다. 그래서 나는 진료할 때 현실감각을 누구보다 중요하게 생각한다. 현실감각은 정신건강의 중요한 기준이자 건강한 자존감, 자기애, 대인 관계의 바탕이 된다고 믿기 때문이다.

현실감각이 있었다면 "작품 활동에만 매진한다면 3등 안에 들 확률이 80퍼센트 정도라고들 하긴 하는데요. 공모전에 출품한 것도 처음이니 몇 번 더 시도해봐야 알 것 같아요. 창작 활동은 무엇보다 노력으로 결과가 담보되는 영역도 아니고 가능성이 높다 하더라도 결국 확률은 반반 아닐까요"라고 대답했을 것이다.

이 반반이라는 확률에 주목해야 한다. 본인이 당선권에 들든 그러지 못하든 확률은 각각 50퍼센트를 넘기지 못한다. 현실감각이 있다면 당선권에 들 확률이 90퍼센트든 99퍼센트든 100퍼센트가 아니면 소용이 없다는 사실을 인지할 수 있다.

가능성이 90퍼센트면 무슨 소용인가. 100퍼센트가 되어야 당선이 확정되는 것이다. 게다가 지금은 그간 그의 삶에서 꾸준히 노력해오면서 이뤄낸 공무원이라는 사회적 정체성을 포기해야 하는 상황도 같이 고려해야 한다. 미래 꿈나무에게 팩트 폭력을 가하는 느낌이 들기도 했지만 누군가는 이런 역할을 해야 하기에 내가 악역을 자처하기로 했다.

사실 누구라도 자기 이야기 앞에서는 객관적인 시각을 견지하기 어렵다. 영민 씨의 불안은 지금 둘 중 하나만 선택한다고 했을 때 타격감이 꽤 커 보이는, 그것도 현재는 물론 미래에까지 영향이 이어진다는 점에서 난이도가 높은 객관적인 불안에 해당한다.

온실에 뿌리를 둔 잡초입니다만

현재도 아니고 미래까지 타격감이 이어지는 불안을 다

룰 때는 정신을 바짝 차리고 다음의 세 가지 요인을 점검할 필요가 있다. 그래야 당장 손에 떨어진 불안을 객관적으로 바라볼 수 있다. 첫 번째는 자신의 욕망이 무엇인지, 두 번째는 그것을 실현할 수 있는 능력이 있는지, 세 번째는 그간의 자기 성취나 주변의 기대 등이 포함된 상황이다.

누구는 진로 방향에 확신이 없을 수 있고 또 누군가는 그것을 실현할 만한 역량이 부족할 수 있다. 영민 씨는 웹 소설 작가라는 자기 욕망이 명확하고 이 욕망을 실현할 수 있는 능력도 가지고 있는 상황이다.

이에 반해 부모님이 실망할 것에 대한 염려나 이 사건으로 빚어질 갈등에 대해서는 전혀 준비가 되어 있지 않았다. 영민 씨처럼 특정 진로를 놓고 고민 중이라면 세 가지 요인 중 현재 나에게 가장 부족한 게 무엇인지와 스스로 가장 중요하게 여기는 요인이 무엇인지를 생각해봐야 한다.

참고로 영민 씨는 타인에게 영향을 많이 받는 사람이

다. 가만히 그의 고민을 살펴보면 핵심은 '웹 소설 작가가 되고 싶은데 어떻게 하면 될까요?'가 아니라 '제가 웹 소설 작가로 뛰어들어도 될까요?'에 가깝다. 허락과 지지를 구하는 느낌이 강한 것이다. 자기 확신이 부족한 탓이다. 이런 모습은 안정적인 환경에서 부모님이 제시하는 방향을 수용하듯 살아온 경우에 특징적으로 나타나기도 한다. 자신의 신념과 노력으로 삶을 살아가는 성인이 되었음에도 누군가의 눈치를 보며 확인받고 싶어 한다.

정리하면 영민 씨는 자신에 대해서는 딱 절반만 믿고 나머지 절반은 주변 사람들에게 확인을 받아야 안정감을 느끼는 '온실 속 잡초형'이라고도 할 수 있다. 영민 씨는 자신의 뿌리를 온실 속에 두고는 있으나 온실 밖으로 기지개를 켜고 싶어 하는 자립 욕구 또한 강하다. 온실 속 화초가 아닌 온실 속 잡초라고 표현한 까닭이다. 만약 본인의 뜻은 하나도 없고 부모님이 원하는 대로만 살아간다면 그 사람이야말로 온실 속 화초다.

영민 씨는 세 가지 요인 중 세 번째인 자신이 처한 상황과 그간의 성취, 주변의 기대와 같은 외부 상황을 놓치지 않아야 한다. 이것이 곧 영민 씨를 불안하게 만드는 핵심이기 때문이다. 더군다나 공무원, 교직원, 공기업 직원처럼 안정성 측면에서 한국 사회에서 선호되는 직업을 가지고 있다면 더욱 세 번째 요인은 무시하기 어렵다.

"아버지도 공직에 계셨어요. 제가 공무원이 되었을 때 저도 기뻤지만 부모님께서 지으시던 흐뭇한 표정을 잊을 수가 없어요."

아버지도 공무원이셨던 만큼 영민 씨가 일반 직장 그만두듯 공무원직 퇴직을 단독으로 결정짓기엔 어려움이 따른다. 만약 내 인생은 내가 결정한다는 마이웨이 유형이라면 괜찮겠지만 영민 씨는 주변의 눈치를 많이 살피는 유형이다. 이런 경우 어떻게 주변을 설득하고 어떻게 하면 부모님을 내 꿈의 지지자로 만들지에 관한 고민도 진로 고민에 포함하는 것이 좋다. 그런 다음 웹 소설 작가로 뛰어들어야 주변 사람들에게 충분히 지지와 격려를 받아 더욱 동기부여가 될 뿐더러 현재의 결정에 대해서도 후회를 덜 하게 된다.

두 마리 토끼 잡기 전략

영민 씨처럼 사회 초년생들이 진로를 결정하는 과정에서 불안함을 느끼는 이유는 무엇일까? 노력 끝에 자신의 이상을 실현한 동시에 현실은 현실대로 살아가야 하는 첫 번째 관문에 들어섰기 때문이다. 두 가지를 모두 만족하려면 현명하게 전략을 세워 두 마리 토끼를 다 잡는 수밖에 없다.

"영민 씨가 보기에 웹 소설 작가라는 직업 하면 어떤 감정이 떠오르세요?"

"불안이요. 어떻게 될지 모르기도 하고, 인기 직종이라 경쟁이 치열할 것 같기도 하고요."

"그럼 공무원으로 그 불안을 잡는 건 어떨까요?"

"공무원으로요?"

"네, 왜 하나만 해야 한다고 생각하세요. 굳이 그럴 필요가 있을까요."

"그거야 그렇지만…."

"정 하나에만 매달리고 싶으면 웹 소설 작가로 의미 있는 성과가 나올 때까지만이라도 유예 기간을 두는 건 어떨까요."

그에게 공무원을 그만두기보다 몇 번 공모전에 도전한 뒤 부모님을 설득할 만한 성과가 나왔을 때 퇴직을 결정해도 늦지 않다는 사실을 환기시켰다.

영민 씨처럼 자기 선택에 '절반의 믿음'만 갖고 있다면 새 진로를 선택했을 때 따라붙는 불안이나 초조함을 커버해주는 안정된 직장은 득이 된다. 이것이 영민 씨에게 공무원을 내 발목을 잡는 장애물로 보기보다 불안감을 상쇄해주는 변수로 봐달라고 한 배경이다. 그래야 공무원의 가치를 재발견하면서 현업에 집중할 수 있고 그의 머릿속을 가득 채운 웹 소설에만 집중하고자 하는 소망 역시 관리 가능한 수준으로 떨어트릴 수 있게 된다.

그 이후 진료가 이어지지 않아 한동안 소식을 듣지 못했지만 영민 씨는 마침내 공무원을 그만두고 웹 소설 작가의 길을 선택했다고 한다. 그리고 이 글을 쓰고 있는 최근에 나를 다시 찾아왔다. 소설을 정식으로 연재하게 되었다는 소식과 함께 감사 인사를 전하면서 말이다.

"선생님과 여러 이야기를 나누면서 정말 많은 고민을 했어요. 그런데 이야기를 하다 보니 두 가지로 압축되더라고요. '나는 과연 내 인생을 살고 있나?', '나는 정말 치열하게 내 꿈을 이룰 마음의 자세가 되어 있나?' 그러는 와중에 공무원 일을 하면서 틈틈이 온라인에 공무원 조직 사회에 대한 소설을 자유 연재로 올렸는데 생각보다 일찍 반응이 왔어요.

선생님에게 와서 다시 상의할까 고민했는데 선생님이 왠지 이제는 제가 선택하고 책임져야 한다고 하실 것 같더라고요. 그래서 그 길로 부모님을 설득하고 퇴사했어요. 그리고 '언젠가 정식 연재가 결정되면 그때 선생님께 당당하게 인사를 드리러 가야지' 하고 정말 정말 열심히 했어요. 그리고 오늘이 바로 그날이네요."

그의 얼굴에는 이전의 막연한 희망이 아니라 패기 어린 자신감이 서려 있었다. 삶은 내가 생각하는 대로 흘러가면 재미가 없는데 진료도 마찬가지다. 특히나 이렇게 예상치 못한 감동적인 서사라면 더욱 그렇다.

현재 직업이나 직장이
마음에 들지 않는다는 이유로
전혀 다른 일을 꿈꾸며
희망 회로를 돌리는 이들이 많죠.

하지만 저는 진료할 때
무엇보다 현실감각을
중요하게 생각합니다.

불안은 우리의 현실감각을
마비시키는 특징이 있습니다.
불안할수록 객관적인 상황 판단과
철저한 준비가 우선이라는 점을
꼭 기억하세요.

결정을 잘하는 사람이 되고 싶어요

감정적인 선택이
위험한 이유

광수 씨는 주변 어른들 뜻에 따라 의과대학에 진학했지만 학교생활이 너무 힘들었다. 공부도 어려웠지만 실제 사람의 피를 봐야 하는 것도, 아픈 사람들을 대해야 하는 것도 두려웠다. 거기다 선배들의 괴롭힘도 있었다. 아무 잘못 없는 자신이 왜 부당한 대우를 받아야 하는지에 대한 분노와 한 번도 스스로 진로를 정해본 적이 없었다는 합리화가 혼재되어 방황할 즈음 "로스쿨 1기 준비생 모집"이라는 문구를 발견한다.

어차피 의대에서는 선배들에게 찍혔고 의사가 적성에
맞지도 않는데 차라리 진로를 틀어서 로스쿨을 가볼까 하
는 생각이 든다. 의료 소송 전문 변호사가 되면 그간 의과
대학에서 공부한 것도 활용할 수 있을 것 같았다. 자신을
괴롭힌 선배를 의료 소송에서 복수하는 엉뚱한 상상까지
더해졌다.

그렇게 그는 의과대학 졸업을 앞두고 로스쿨 준비에
돌입하기로 마음먹는다. 시험을 미리 준비한다면 의사
활동을 병행하다가 로스쿨에 합격해 자연스레 그쪽으로
넘어갈 수 있을 듯했다.

하지만 인생이 어디 뜻대로만 흘러가던가. 노무현 대통
령이 집권하던 시기, 야당에 의해 국회가 파행하면서 로
스쿨 관련 법률 통과가 1년 밀리게 되었다. 레지던트 과
정과 로스쿨 준비를 병행하기는 불가능했다. 더욱이 의
사를 포기하면 바로 군대에 가야 했다. 하는 수 없이 로
스쿨 준비를 접고 의사의 길을 계속 가게 되었다.

흔히 남에게 조언할 때는 객관적인 상황 판단이 가능하지만 막상 내 이야기가 되면 이성적으로 사고하기가 쉽지 않다. 사실 광수 씨는 실제 내 20대 때 모습이다. 지금보다 더 철없고 어리숙하던 모습이기도 해서 가명으로 언급해보았다.

지금 돌이켜보면 한편으로 '변호사가 되었어도 그 나름 열심히 잘하지 않았을까?'라는 생각이 들기도 하지만, 다른 한편으로는 '그때 국회가 파행하지 않고 로스쿨에 갔다면 정신과 의사인 지금의 나는 없겠지?' 하는 마음도 있다. 당시에야 여러 가지 복합적인 상황이 있었고 나의 판단 과정에도 부족한 부분이 많았다. 결국 내가 생각한 대로 인생이 흘러가지는 않았지만, 그때는 당장 눈앞에 닥친 여러 불안에 매몰되어 있었던 것도 사실이다.

불안은 앞에서 진로를 고민하던 영민 씨에게 점검하라고 언급한 세 가지인 나의 욕망, 실현할 수 있는 능력, 자신이 처한 상황 모두를 무시한 채 감정적으로 의사 결정을 하게 만든다. 나 역시 당시에는 불안을 억누르고 이 세 가지를 고려해서 결정한다고 했지만 턱없이 부족했다.

그래도 세상에 쓸모없는 경험이 없다고, 그때의 고민이 진로 변경 상황에서의 여러 불안을 이해하는 데 도움이 되었다. 예를 들어 a, b, c라는 진로가 서로 상이한 진로라면 a에서 c로 진로를 변경하기보다 a에서 A로, b에서 B로 연장된 선택을 해나갈 수 있다. 혹은 a와 b를 연결한 ab라는 새로운 영역을 만드는 가능성도 있다.

정말 특별한 분야에서 뛰어난 재능을 보여 이전까지 해온 공부나 직업과는 조금도 상관없는 진로로 방향을 트는 경우도 있다. 하지만 이런 경우는 누가 봐도 저 사람은 그 길을 갈 수밖에 없었다는 여론이 조성될 정도로 재능이 뛰어나 본인 스스로도 확신을 갖고 움직이는 경우가 대다수다.

하지만 이런 경우가 아님에도 지금껏 해오던 것과 접점이라고는 찾아볼 수 없는 새로운 진로를 선택하고자 한다면 자리를 잡기까지 불안감을 달고 살아야 한다. 그래서 영민 씨에게 공무원의 퇴직 시기를 뒤로 미루면서 두 가지 진로를 병행하자고 제안한 것이다. 물론 영민 씨의 경우처럼 a와 b를 연결시켜 공무원 조직 사회를 소재로 웹 소설을 쓰며 ab를 만들어내는 것도 방법이다.

불안할수록 미래를
내다보고 결정하기

불안에 매몰되지 않고 현명한 선택을 하려면 평소에 어떤 준비를 하면 좋을까? 이런 경우 나는 '미래 조망 훈련'을 같이 해본다. 방법은 간단하다. 머릿속에 하얀 종이를 떠올린 다음 가로로 선 하나를 긋고 생각해본다.

현재를 중심으로 1~2년 뒤의 모습, 5년 뒤의 모습, 10년 뒤의 모습을 상상해보는 것이다. 현재 하는 일이 언제까지 앞이 보이는지, 새롭게 뛰어들고자 하는 그 일은 언제까지 보장되며 현재의 직업과 미래의 직업을 나란히 놓고 비교할 때 어느 쪽이 더 미래가 보장되는지 전망해보는 것이다. 이 과정에는 두 가지 이점이 따른다.

먼저 현재와 미래가 단절된 선택이 아닌 연결된 선택을 해나가는 힘이 길러진다. 순간의 감정에 앞서 단절된 선택을 한다면 결국 자기 손해라는 사실을 깨달아야 한다. 그때까지 준비한 것들은 하루아침에 무용지물이 되면서 새로운 직업을 내 것으로 만드는 데 필요한 모든 과정을 처음부터 밟아야 하기 때문이다. 자신이 지금까지 일궈놓은 것을 소중히 여기고 어떻게든 챙겨가려고 하는 것도 현명한 선택이다.

또한 미래 조망 훈련은 현실감각을 키워준다. 요즘은 한 직장에서 오래 근무하기보다 여러 직종을 경험하거나 창업을 희망하는 친구들이 많아지는 추세다. 문제는 여

러 일을 경험해본다는 미명 아래 일반 회사에 들어갈 진
입 시기를 놓치는 일이 발생한다는 것이다. 미래 조망 훈
련을 통해 미래를 내다보며 새 분야에 진입할 수 있는 마
감 시한을 염두에 두라는 의미이기도 하다.

예를 들어 바리스타 자격증을 땄다가 반려동물 비즈니
스 일을 했다가 쇼핑몰에서 웹 디자이너로 일을 한다고
해보자. 바리스타나 반려동물 비즈니스는 진입 연령이
중요치 않으나 웹 디자이너는 그렇지 않다. 어느 정도 숙
련이 되기까지 사수 밑에서 일을 배워야 하기에 회사에
서 원하는 신입 직원의 연령이 있으며 이를 기준으로 이
직 계획을 세워야 한다. 이런 식으로 미래 상황을 그려보
면 현실감각을 키울 수 있다.

살다 보면 통제할 수 없는 변수가 벽이 되어 우리 앞을
가로막기도 한다. 20대의 광수에게 국회 파행이라는 변
수가 그랬다. 로스쿨 관련 법률 통과가 미뤄질 거라고 어
느 누가 상상이나 했겠는가. 당시 그에게 붕 떠버린 1년

은 '의사냐, 로스쿨이냐'라는 선택지를 졸지에 '의사냐, 군 입대 이후의 로스쿨이냐'로 바꿔놓았다. 이 하나의 변수로 모든 것이 달라졌다.

그런데 찬찬히 살펴보면 처음에는 벽인 줄 알았는데 조금만 다리를 뻗으면 넘을 수 있는 낮은 담 정도인 변수일 때도 있다. 벽은 부수지 않는 한 넘어가지 못하지만 낮은 담이라면 얘기는 달라진다. 인생에는 막상 부딪혀보면 별거 아니라는 걸 느끼게 되는 순간들도 분명 존재한다. 단단히 준비했다면 충분히 해볼 만한 싸움도 있다. 벽이라는 존재에 미리 압도될 필요는 없다.

요즘 가끔씩 의과대학 졸업 후 레지던트까지 마치고 로스쿨에 들어가는 후배들도 있다는 이야기를 듣는다. 미래를 조망하면서 준비된 선택을 하는 것 역시 우리가 결정할 수 있는 또 다른 인생의 갈래다. 어느 쪽이든 치열한 과정을 거쳐야 인생이 무르익는 법이다. 그러고 보면 나도 정신과 의사로서 필요한 과정을 거치며 익어가고 있는 게 아닐까.

평소에 걱정이 많은 사람이라면
무언가를 선택할 때
다시 돌아갈 가능성을 열어놓는
연결된 선택이 도움이 됩니다.

한순간의 감정에 휩싸여
그동안 나의 성취가 무효해지는
단절된 선택을 한다면
불안도가 더욱 높아질 수 있어요.

결정을 내렸을 때
나의 1년 후, 5년 후, 10년 후 등
미래의 모습을 상상해본 뒤
선택하는 것도 좋은 방법입니다.

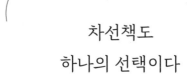

차선책도
하나의 선택이다

흔히 차선책이라고 하면 원래 목표하던 방향이 실패했을 때 그다음에 택하는 선택지라는 이미지가 있다. 하지만 진로를 결정할 때는 이러한 차선책이라는 선택지를 생각할 수밖에 없는 순간이 있다. 달리 표현한다면 인생의 또 다른 옵션 같은 것이다.

요즘은 웬만한 직업이 아니고서는 한창 일할 시기에도 어떤 변수가 생길지 모른다. 갑자기 잘릴 수도 있고 회사가 지방으로 이전하여 원치 않게 그만둬야 하는 상황이

올 수도 있다. 전문직도 마냥 안심할 수는 없다. 의료계에 서조차 AI가 진료의 영역을 어떻게 바꿀지 예상하기 어렵고, 심지어 음악이나 미술 등 예술 분야도 영향을 받을 수 있다. 언제 어느 때고 변화가 들이닥칠 수 있는 만큼 차선책에 대한 생각을 긍정적으로 바꿔놓는 것도 중요한 현실감각이다.

사실 내 어린 시절 꿈은 목사였다. 목회자 집안이었다 보니 어릴 때부터 막연하게나마 나도 목사를 해야 하지 않을까 하고 생각했다. 그런데 부모님이 다른 진로도 한 번 생각해보라고 하셔서 어머니의 직업이기도 한 치과 의사를 떠올렸다. 이처럼 내 꿈에 대한 선택지는 집안에 의해 만들어졌고, 나는 그저 그 선택지 안에서 하나를 택 했다고 볼 수 있다.

그러다 고등학교 때 한 선생님이 나의 꿈에 대해 새로 운 방향을 제시해주셨다. 아직까지 그때 그 순간의 분위 기나 장면이 또렷하게 기억나는 걸 보면 인생의 방향을 잡은 꽤나 중요한 경험이었나 보다.

고등학교 2학년이었던 나는 그제서야 부모님이 부여
해준 정체성에서 벗어나 나만의 정체성을 찾기 시작했던
것 같다. 그래서 막연히 치과 의사가 되고 싶다고는 했지
만 왜 그 꿈을 가지고 싶은지, 왜 목표를 이루기 위해 노
력해야 하는지 몰라 방황도 했다. 동시에 목사라는 더 어
릴 적 나의 철없던 꿈을 부모님이 당신들 욕심을 차리고
자 치과 의사로 바꾼 것 같다는 반항 어린 마음마저 있었
다. 그러던 중 선생님이 나에게 왜 치과 의사가 되고 싶
냐고 질문해온 것이다.

　　"광민아, 치과대학을 가고 싶다는 꿈이 너의 꿈이니?
부모님의 꿈이니? 아니면 그 꿈에 더 높은 수준의 의미가
있니?"

　　나는 대답을 얼버무렸다. 정말 그때는 아무 생각이 나
지 않았다. 그러자 선생님은 그다음 물음표를 던졌다.

　　"선생님은 치과 의사가 되고 싶다는 네 꿈이 부모님의
도움을 받아 편하게 돈을 벌고 싶다는 이유 때문은 아니
었으면 좋겠구나."

아마 선생님은 내가 실제 그런 생각을 해서가 아니라 나도 모르게 그런 방향으로 가고 있지 않은지를 지적하신 듯했다. 그 말을 들은 나는 그제야 선생님에게 진로 고민을 털어놓을 수 있었다. 어릴 적 목사라는 꿈을 가졌던 마음부터 그래도 보고 자란 것이 있어 의학 계열로 가서 사회적인 역할을 해보고 싶다는 마음까지 진로에 대한 내 고민을 하나하나 풀어놓았다. 내 이야기를 듣던 선생님은 나에게 새로운 인생의 옵션을 제시해주셨다.

"선생님도 그쪽 전문가가 아니니까 잘 아는 건 아니다만 얼마 전에 책을 읽다 보니 의학 영역에서 정신과라는 분야가 있는데 앞으로 발전할 부분이 많다고 하더라. 더군다나 너는 목사를 생각해보기도 했다고 하니 정신과 의사가 되어서 사람의 마음을 돌보고 사회를 더 나은 방향으로 이끌어가는 역할도 할 수 있지 않을까? 지금까지는 정신과 의사가 그런 역할을 하지 못했지만 앞으로의 사회에서는 그런 역할이 더 중요해질 수도 있어."

드라마에서 보면 이런 말을 듣고 정신이 번쩍 들어 열

심히 공부한 끝에 정신과 의사의 길을 걷게 되겠지만, 실제로 당시에는 선생님의 조언이 썩 와닿지는 않았다. 그저 '그럴 수도 있겠네. 하나의 가능성으로 생각해두자' 정도로 생각하고 넘어갔다. 그러고는 어쩌다 보니 가까스로 의대에 진학을 했다.

하지만 역시나 통상적인 의사라는 직업은 여러 면에서 나랑 맞지 않았다. 수술방은 너무 추웠고 피를 보는 일역시 힘들었다. 몸이 아픈 사람들을 대할 때의 감정 노동도 나의 불안도를 가중했다. 누군가의 아픔이나 상실을 감당할 만큼의 멘탈이 당시의 내게는 없었던 것으로 보인다.

그때부터 막연하게 생각해온 정신과 의사에 대한 진로를 조금씩 구체화하기 시작한 것 같다. 학교에서 어렴풋이 알고만 지내던 친구와 사회에서 같이 일을 하면서 평생의 친구가 되어가듯 정신과라는 전공도 그렇게 다가왔다. 이처럼 내게 정신과 의사는 목사, 치과 의사 다음으로 생각한 차선책 혹은 인생의 옵션이다. 처음부터 다른 고

결정을 잘하는 사람이 되고 싶어요

229

민 없이 최고의 선택지라고 생각하며 한 번에 쉽게 선택한 진로가 아니었다.

선택은 '하는 것'이 아니라
'살아내는 것'이다

차선책을 선택할 때 주의할 점이 있다. 처음부터 선택한 목표를 이루기 어려울 것 같아서 현실에 안주하려는 목적으로 사용하지는 말아야 한다는 것이다. 우리가 어떤 것을 지원하거나 선택한다는 것은 출발 버튼을 누르는 것에 지나지 않는다. 자신이 바라보는 인생의 목표와 옵션은 어디까지나 그 순간순간 현실 판단에 따른 선택이다. 그러니 차선책은 인생에서 예상치 못한 어려움에 봉착했을 때 회피의 수단이 아니라 수습의 수단으로 선택해야 한다.

가령 삼성전자의 직원이 되었다고 해보자. 합격했다고

해서 곧장 '축! 삼성전자 직원 완성!'이 되지 않는다. 입사하기 위해 대학 시절부터 치열하게 노력했음은 물론이거니와 입사한 뒤에도 그곳에서 인정받는 직원이 되기 위해 밤낮으로 노력하고 인사고과에서 높은 점수를 쌓는 등의 후속 노력들을 이어가야만 삼성전자 직원이라는 역할이 지속된다.

하지만 여기까지는 고려하지 않았기에 어렵게 들어간 직장임에도 힘들어하며 1~2년 만에 퇴사해버리는 경우를 드물지 않게 본다. 내가 바라는 삶의 목표를 이루며 살아가기 위해서는 끊임없이 선택하고 노력하고 수습해야 한다.

의사도 마찬가지다. 얼핏 의과대학에 들어가고 나면 이후에는 탄탄대로가 펼쳐질 것 같지만 결코 그렇지 않다. 의사인 내 삶을 돌아보면 이 선택 때문에 20대와 30대의 삶이 여유 부릴 틈 없이 공부와 진료에 매몰되어버렸다고 생각한다. 물론 주어진 공부와 일과 역할을 지금까지도 꾸역꾸역 하고 있다.

그 선택이 무엇이든 빌드업하는 데 별도의 시간과 노력이 필요하다는 걸 인식하고 있다면 차선책을 선택했다고 해서 불안해할 필요는 없다. 차선책이란 내 능력에 맞는 환경을 찾아서 이동하는 것이지 단순히 플랜B를 선택하는 좁은 개념이 아니다.

우리가 지향하는 차선책은 처음에는 마이너스가 되는 선택처럼 보인다. 하지만 어느 순간 플러스로 변하는 시점이 반드시 찾아온다는 걸 기약하고 그 자리에서 치열하게 노력하는 것이다. 그때 가서 그 선택에 대해 판단을 내려도 늦지 않다. 상향 지원이든 하향 지원이든 끝까지 해보지 않는 이상 그 누구도 최종 버전은 알 수 없다.

국회 파행으로 로스쿨 준비를 포기한 광수 씨가 당시 그다음 차선책으로 선택한 것이 정신과 지망이었다. 그렇다. 정신과라는 전공은 여러 번의 고비를 겪고 나서야 확신을 갖게 된 선택지다. 지금이야 의대생 사이에서 정신과가 인기지만 과거에는 기피하는 전공이었다. 고등학교 때부터 염두에 둔 선택지 중 하나였다고는 하나 의과대학을 졸업할 무렵 나 역시 정신과를 1순위로 두지는 않았다. 부모님도 처음에는 탐탁지 않게 여기셨으니 말이다.

그럼에도 정신과를 선택할 수 있었던 데는 의사로서 택하고 싶었던 선택지가 별로 없기도 했고, 은연중에 정신과 의사를 한다면 당장이 아니라 앞으로 꾸준히 해나갈 수 있겠다는 믿음이 있었던 것 같다. 내가 지원을 준비하는 사이 사회적인 인식 변화와 맞물려 인기가 높아진 탓에 치열한 경쟁을 통해 힘겹게 정신과 의사 문턱을 넘기는 했지만, 그럼에도 누구보다 정신과 의사로 잘 살아나갈 자신이 있었다. 당시 나는 이거 하나면 된다고 스스로에게 이야기해주었다.

우리가 어떤 선택을 할 때 선행되어야 할 조건이 있다면 그 결정을 살아내는 주체는 바로 나 자신이라는 감각이 아닐까. 많은 사람들이 이걸 놓치는 듯하다. 크게 넘어져야 크게 일어설 계획도 세워지는 법이다. 여러분도 막

다른 골목을 두 번째 기회를 여는 문으로 만들 구실로 삼
았으면 좋겠다. 그럴 만한 힘이 여러분 안에도 분명히 존
재할 것이다.

절대 후회하지 않을
최고의 선택을 해야 한다는
강박관념이 있나요?

그런데 차선책도
훌륭한 선택지가 될 수 있습니다.

최고의 선택을 하지 못했다는
패배주의에 빠질 것이 아니라
그 선택으로 주어진 삶을 살아갈
나의 의지를 다지는 게
더 중요하다는 사실을 잊지 마세요.

결정을 잘하는 사람이 되고 싶어요

상처받을까 봐
열심히 안 하게 돼요

일찌감치 미술에 재능이 있던 다솜 씨는 대학에서 시각 디자인을 전공했다. 하지만 안정된 직장에서 일하고자 외국계 기업의 홍보팀에 들어갔다. 입사 초반에는 재미있게 회사 생활을 해나갔으나 3년 차에 접어들면서 그림에 대한 미련이 점점 짙어졌다. 박봉에 힘들더라도 전공을 살렸더라면 지금쯤 자리를 잡지 않았을까 하는 상상에서부터 인스타그램 속 아티스트들은 본업도 하면서 그림도 잘만 올리는데 나는 뭘 하고 있나 하는 자책까지

하루에도 수십 번 생각이 왔다 갔다 한 지도 1년이 다 되어간다. 다솜 씨가 이런 생각을 하게 된 계기는 인스타그램 속 또래 일러스트 작가를 팔로우하기 시작하면서다.

"제가 원하는 인생을 사는 사람이니까 자꾸 보게 돼요. 볼 때는 재미있고 시간 가는 줄 모르겠는데 보고 나서는 '난 뭐지' 싶어서 금세 우울해져요."

말은 이렇게 하면서도 다시 그림을 그리기는 두렵다고 털어놓았다. 무엇이 그녀를 두렵게 만들었을까. 미술에 미련이 있는 것 같은데 왜 다시 해보지 않느냐는 물음으로 이야기를 시작했다.

"미술을 하면 결국 제가 상처받을까 봐 두려워요. 결과가 기대만큼 안 나올까 봐 무서운 거죠. 회사를 다니면서 취미 생활로 미술을 해도 되기는 하거든요. 예전에 미술을 전공하기도 했으니까 남들보다야 잘하겠죠. 그런데 막상 미술을 제대로 시작하려고 하면 회사 생활만 하기도 벅찬 것 같고 그림은 은퇴하고 나서 하자고 생각하게 돼요. 그러다가 문득 좋은 작품을 보면 아예 회사를 그만두고 미술에만 전념하고 싶은 마음이 들고….”

다솜 씨에게 미술은 여전히 반드시 잘해야 하는 영역으로 인식되는 듯했다. 그래서 미술에서도 마치 1등이 아니면 소용이 없고, 어설프게 하느니 안 하는 게 낫다는 식으로 생각하는 건 아닐까. 그녀도 그렇게 느끼고 있었다.

“맞아요. 어릴 때 미술을 하면서 ‘아무개가 1등이다’, ‘어느 대학 합격권이다’처럼 평가받는 데 익숙해져서인지 결과에서 자유롭지 못한 것 같아요. 유독 그림 쪽에만 강박증이 있어요.”

다솜 씨는 더욱이 학창 시절을 오랫동안 미대 입시생으로 보냈기 때문에 이런 마음이 클 수 있다. 예술적인 재능에 대한 미련을 토로하는 이는 다솜 씨 말고도 많다. 보컬 쪽에 재능이 있지만 부모의 반대로 주저앉은 경우나 도예를 전공했지만 사양산업이라는 생각에 꿈을 접은 경우처럼 모두 “밥 벌어먹고 살 수 있겠느냐”는 주변의 핀잔에 본인도 동의하면서 꿈 대신 현실을 택한다.

한편으로는 이런 생각이 든다. 정말 이들이 살리지 못

한 재능에 대한 아쉬움으로 내적 갈등을 겪는 걸까. 재능
이 아까운 거라면 취미로 삼거나 SNS에 올리기만 하면
되는데 왜 이들은 이것마저 못 하는 걸까.

일단 그림, 노래, 도예 등에 대해 가지는 마음이 결코
가볍지 않기 때문일 것이다. 너무 좋아하는 사람 앞에서
는 말 한마디, 행동 하나하나가 조심스럽듯이 이들에게
자신의 재능이 그러하다. 다솜 씨도 유독 그림 쪽으로는
강박이 심하다고 밝혔는데 그 마음 안에는 어릴 적 미술
입시를 준비할 때부터 그림에 대한 평가는 곧 자신에 대
한 평가라는 공식이 강하게 자리 잡고 있기 때문이었다.
'내 그림이 별로라고? 나도 별로라는 뜻이잖아'라고 둘을
한 몸처럼 대하는 것이다.
　당연히 지금의 다솜 씨는 미술의 결과와 인생의 결과
가 다르다는 걸 안다. 그렇지만 미술을 전공한 사람으로
서의 정체성에서 미술은 여전히 결코 가볍지 않은 존재
감으로 자리한다. 그렇기에 자신의 그림에 대해 조금이

라도 안 좋은 소리를 들으면 마음에 상처를 크게 입는다.

재능을 평가받는 것이 두렵다면

다른 영역보다 예체능 계통은 특히 재능의 결과를 자존감으로 바라볼 것이냐, 자기애로 바라볼 것이냐에 따라 반응이 극명하게 다르다. 재능을 자존감으로 바라보는 경우에는 작품이나 결과를 내 잣대로 평가한다. 자존감이 높으면 평가에 상관없이 스스로 끊임없이 해나갈 것이고, 자존감이 낮으면 평가에 상관없이 혼자 좌절한다.

반면 재능을 자기애로 바라보는 경우에는 타인의 반응을 계속 신경 쓰면서 자신을 평가한다. 자기애가 높다면 타인의 기대치를 맞추기 위해 계속 시도하겠지만 자기애가 낮으면 타인의 가혹한 평가에 지레 좌절하고 포기한다.

결국 재능을 사회적인 결과로 만들어내기 위해서는 자존감과 자기애가 모두 필요하다. 그래야 자존감에 기반하는 '될 때까지 시도하기'와 자기애에 기반하는 '타인에게 재능을 선보이기'가 모두 가능하기 때문이다. 특히 예체능 분야에서는 '될 때까지 시도하기'와 '타인에게 재능을 선보이기'가 모두 요구된다. 둘 다 '나에게는 충분한 재능이 있고 남들 앞에 보일 자신이 있어'라는 자존감과 자기애가 뒷받침해야 가능한 일이다.

다솜 씨에게 재능에 대한 자존감과 자기애를 가지고 있는지 점검해보라고 했다. 그리고 예술적 재능으로는 작품을 만드는 재능과 그것을 선보이는 재능이 있는데 둘 중 어느 쪽이 더 힘드냐고 물었다. 그녀는 후자 쪽이 더 힘들다고 답했다. 그림을 그리는 건 어렵지 않은데 그 작품을 SNS에 올리는 순간 자기 존재 자체가 평가를 받는 느낌이고 자신감이 사라진다고 말이다.

다솜 씨는 처음에 "상처받는 게 싫어서 열심히 안 하게 돼요"라고 했다. 여기에서 열심히 노력했는데 '상처받으면 어떡해요'는 '인정을 못 받으면 어떡해요'와 같은 말이다. 이는 다솜 씨가 타인의 인정에 목매다는 관종이라서가 아니다. 자신에게 예술은 타인에게 인정을 받을 때만 가치를 가지는 영역이라고 어릴 적부터 인식해왔기 때문이다.

예술이 타인의 인정을 받을 때 가치가 인정된다는 연장선상에서 나온 정신적인 증상이 바로 무대공포증이다. 피아니스트나 바이올리니스트 등 연주자들이 무대에 섰을 때 타인에게 내 연주를 평가받는다는 데서 오는 극도의 불안 상태다. 이런 불안 상태가 되면 당연히 집중도도 떨어지고 몸도 긴장되니 평소 실력이 나올 수가 없다.

다솜 씨에게는 일종의 전시공포증 정도가 될 것 같은데, '내가 그림을 잘 그리는 것'과 '내 그림을 누군가에게 보이는 것'에 대한 나의 불안을 구분해서 바라볼 필요가 있다. 그리고 진정 그림을 그리는 작업에 대한 애정이 있다면 내 작품을 타인에게 선보이는 용기를 가져보면 좋겠다. 그 지점에서 다솜 씨는 다시금 미술을 시작하는 첫걸음을 뗄 수 있을 것이다.

자, 여기서 다솜 씨가 왜 다시 미술을 하고 싶은 욕심이 생겼는지를 돌아보자. 남에게 내 그림을 보일 자신이 없다는 마음의 배경에는 다시 그림을 그리고 싶다는 욕심이 있다. 그리고 그 욕심은 인스타그램 등 SNS에서 그림을 꾸준히 올리는 작가를 팔로우하면서 시작했다. 만약 그 작가가 유명한 미술가라면 부러워할 이유가 없다. 이미 기준이 너무 다르기 때문이다. 다솜 씨가 그 작가들을 부러워한 이유는 그들의 미술 활동이 자신도 노력하면 해볼 수 있는 수준이었고 미술을 통해 누군가의 관심을 다시 끌 수 있다는 기대가 생겼기 때문이다.

　SNS 활동에서 또 다른 나의 정체성을 만드는 데 제일 중요한 덕목은 꾸준함이고, 그 꾸준함을 지키려면 무엇보다 타인의 평가를 감내하는 용기가 필요하다. 그래야 일희일비하지 않게 된다.

　나는 다솜 씨에게 '부캐'를 만들어볼 것을 권했다. 다솜 씨는 의도를 바로 이해했다. 어차피 당장 직장을 그만두면서까지 정체성을 아티스트로 바꿀 수는 없다. 그렇다면 적어도 SNS에서는 아티스트로 활동하면 된다.

　부캐는 어디까지나 나와 다른 가상의 인물이다. 그러니 나의 부캐가 그린 그림은 현실을 살아가는 나와는 다른 정체성이 되고 그림에 대한 다소 불편한 평가 역시도 더 가볍게 받아들이게 된다. 그래서일까? 방송인들 중에서도 부캐가 실제 본인보다 방송에서 더 성공하는 경우를 드물지 않게 본다. 부캐라는 든든한 가면이 우리로 하여금 마음 속 불안을 막아주니 타인의 시선을 감당하며 하고 싶은 일을 해보는 게 가능해지는 것이다.

정말 좋아하는 일을 할 기회가 와도
막상 시작하지 못하는 이들이
생각보다 많습니다.

기대만큼 잘하지 못할까 봐
인정받지 못할까 봐
두려운 마음이 크기 때문인데요.

그럴 땐 나의 자아와 구별된
'부캐'로 시작하는 것도 방법입니다.
외부의 평가도 한결 부담 없이
받아들일 수 있을 거예요.

결정을 잘하는 사람이 되고 싶어요

타인과의 비교로
자존감이 낮아진다면

지금처럼 이렇게 타인의 삶을 속속들이 알 수 있는 시대가 없었다. 과거에는 내 삶을 비교하는 대상이라고 해봤자 동네 친구나 학교 친구가 전부였다. 당연히 질투할 일도 많지 않았다. 하지만 요즘은 SNS로 말미암아 다양한 환경에서 자란 수많은 대상으로 비교 범위가 확 넓어졌다. 자기 또래로 보이는데 완전히 다른 삶을 사는 이들을 보면서 다들 비슷하게 사는 줄 알았는데 아니라는 걸 깨달으며 박탈감을 느끼기 쉬운 환경이 되었다.

누군가와 나를 비교할 때 나타나는 흥미로운 점이 있다. 비교 대상이 '넘사벽', 그러니까 나와 수준이 완전히 다른 경우에는 "부럽다"로 끝나는 반면 나와 비슷한 친구의 신상 변화에는 유독 민감해진다는 점이다.

SNS를 할 때마다 끊임없이 타인과 자신을 비교하게 되어서 괴롭다는 은정 씨는 친한 친구가 예쁜 골프복을 입고 찍은 사진을 올렸을 때도 흠칫 놀랐다.

'지난주에 만났을 때만 해도 골프 친다는 소리는 없었는데 이 사진은 뭐지?'

그러면서 동시에 자신은 퇴근하면 집에서 쉬기 바쁜데 친구는 언제 골프 연습장을 끊어서 연습하고 이렇게 필드까지 다녀왔는지 부지런하다고 생각한다. 그런데 여기서 그치지 않고 이내 게으른 자신을 비난한다. 비교가 일어나는 즉시 별의별 감정이 들지만 맨 마지막은 '그럼 나는?'이라는 자책으로 마무리되는 것이다.

'그럼 나는?'만큼 자신을 작아지게 만드는 말이 또 있을까. 비교가 끌고 오는 감정이 불편한 이유는 남 때문에 생겨난 감정인데 끝내는 내 탓으로 귀결되기 때문이다. 안 그래도 SNS 속 불특정 다수의 행복에 치여 초라함을 느끼던 차인데 지인의 행복까지 눈앞에 보이니 지구에서 가장 불행한 사람이 된 기분이 든다.

우울한 기분을 남기지 않는 비교법

타인의 삶 때문에 자신의 삶이 초라해진다면 어떤 마인드가 필요할까. 바로 비교를 두 번 하는 것이다. 한 번도 힘든데 두 번이나 비교를 하라고? 그렇다. 처음 친구의 골프복 사진을 발견했을 때 내 안에서 어떤 감정이 올라올 것이다. 바로 그때가 무의식적으로 비교가 이뤄지는 때다. 이건 거의 본능이라 나 스스로 비교했다는 사실조차 인지하지 못한다. 보통은 여기에서 끝내는데 그러면 우울한 기분만 남는다.

이번에는 한발 더 나아가 의식적으로 다른 것까지 비

교해본다. 그래야 '다른 것을 가진 나'든 '타인의 시선을 끌려고 피곤하게 사는 남'이든 그 너머의 영역을 발견하면서 처음의 비교가 만든 우울함에서 벗어날 수 있다.

'나랑 비슷한 처지인데 얘는 골프도 치러 다니는구나.'

딱 이 생각이 들 때 초라해지는데 사실 내 의식은 알고 있다. 나도 마음만 먹으면 친구만큼은 아니어도 SNS에 올릴 무언가 정도는 할 수 있다는 것을 말이다.

하지만 그러기엔 친구와 나는 가치관이 많이 다르다. 예를 들어 친구는 미래를 대비해 적금이나 재테크를 하기보다 현재를 즐기며 소비하는 타입이지만 나는 길게 보고 소비를 줄이는 성향이다. 또 친구는 온라인 공간을 화려하게 꾸미는 성향이라면 나는 오프라인에서의 삶을 풍부하게 채우고 싶어 하는 사람이다. 결국 돈 씀씀이와 힘을 주는 영역 모두 내 선택의 문제이지 내 능력이 부족한 것은 아닌 셈이다.

흔히 남과 비교할 때 재랑 나는 출발선이 다르다며 씁쓸하게 합리화하게 된다. 하지만 결과를 내는 타이밍, 가치관, 평소 생활 습관, 삶을 대하는 태도까지 여러 조건들을 폭넓게 두루 살펴보는 것은 어떨까. 이런 것까지 포함하는 것이 의식적인 비교라고 볼 수 있다.

누군가는 이런 의식적인 비교를 정신 승리라고 할지 모르겠다. 그런데 뭐 어떤가? SNS에서 화려하게 사는 당사자 역시 혼자 남은 시간에는 자신의 SNS를 보며 정신 승리를 하고 있다. 돈을 아끼고 정신 승리를 하든, 돈을 쓰고 정신 승리를 하든 내가 타격을 덜 받을 수 있다면 뭐가 더 낫고 뭐가 더 나쁘다고 판단할 필요는 없다.

비교 범위를 넓히면
박탈감은 사라진다

박탈감에 영향을 덜 받는 방법으로는 공을 다양하게 놓고 비교하는 것도 있다. 여기에서 공이란 직업, 외모, 건강, 연애, 결혼, 차, 연봉, 스펙, 휴가, 출산, 재테크, 공부,

여유, 자존감 등 인생에 필요한 여러 가지 요소를 말한다. 요즘은 취업 시기가 늦어지면서 30대 중반의 나이에도 이러한 공을 전부 갖춘 경우가 드물다. A라는 공을 가지고 있으면 B나 C는 텅 비어 있는 경우가 열에 아홉이다.

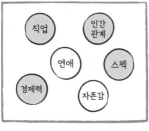
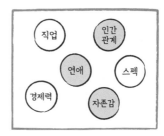

은정 씨 친구의 공   은정 씨의 공

이렇게나 공이 다양한데 달랑 하나만 놓고 비교하는 것은 너무 불공평하다. 골프복 사진을 올린 친구 때문에 박탈감을 느낀 은정 씨 사례를 다시 가져와보자. 여기에서 친구의 화려해 보이는 생활에만 초점을 두면 그 공의 가치는 100이 된다.

실제로 나는 친구보다 공이 딱 하나 부족할 뿐이지만

친구가 가진 공에 100의 가치를 매김으로써 자신을 100을 가지지 못한 사람으로 만들어버린다. 이런 오류를 바로잡기 위해서라도 다양한 공을 놓고 비교를 해나가는 편이 좋다. 그래야만 자신이 가진 공과 상대가 가지지 못한 공으로까지 시야를 확대해 전체를 볼 수 있게 된다.

기준이 되는 공이 무엇인가에 따라 박탈감을 주는 쪽은 언제든 바뀔 수 있다. A를 기준으로 두면 나는 A를 못 가진 사람이 되지만 B나 C를 기준으로 두면 상황은 달라진다. 누구나 박탈감을 느끼는 주체이기도 하지만 반대로 박탈감을 줄 수 있는 주체이기도 함을 기억하자. 이러한 이중적 위치를 깨달아야 일시적 감정인 박탈감이나 질투심에 매몰되지 않을 수 있다.

Dr. Lee's Solution

SNS를 보다 보면
다들 멋지고 화려하게 사는데
나만 초라한 것 같아
우울하고 외로워질 때가 있죠.

이렇게 박탈감이 들 때는
비교 범위를 확 넓혀보세요.

예를 들어 '돈' 하나로 비교하는 게 아니라
'건강, 인간관계, 직업 만족도, 외모, 스펙, 여유' 등
다양한 기준으로 비교해보는 거죠.

그들과 비교해
결코 내가 부족하기만 한 사람이
아니라는 사실을 금방 깨달을 겁니다.

PART 4

저를 불안하게
만드는 사람이 있어요

눈치 보는 관계에서 자유로워지려면

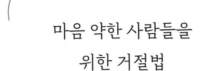

마음 약한 사람들을
위한 거절법

심심찮게 "원장님은 MBTI가 뭐예요?"라는 질문을 받는다. 그야말로 MBTI 열풍이다. 팩트 폭력으로 찬물을 끼얹은 사람에게 바로 "너 T야?"라고 묻거나, 말수가 없고 조용한 사람에게 "I인가 보군요"라고 말하기도 한다.

MBTI에서 활발하게 논의되는 것 중 하나가 E와 I다. 외향형Extraversion인 E형은 에너지를 밖에서 얻고 쏟아붓는 성향이라면 내향형Introversion인 I형은 안으로 침잠하여 에너지를 채운다. E형과 I형은 에너지가 흘러가는 방향으로 구분하면 된다.

하지만 뭐든 지나치면 문제라고, 한쪽으로만 에너지가 쏠리면 반드시 부작용이 따른다. E형은 에너지가 바깥으로만 퍼지니 굳이 겪지 않아도 되는 일에 엮이는 경우가 생기고 I형은 혼자서 침잠하니 생각이나 감정이 고이는 문제가 발생하기 쉽다.

또한 I형은 말을 내면에서 처리하는 경우가 많다. 바깥으로 내뱉는 말이 30퍼센트라면 혼자서 처리하는 말이 70퍼센트라는 이도 있다. 누군가에게 적극적으로 도움을 요청하거나 거절하는 말을 꺼내는 건 더욱 어렵다.

나를 비롯해 주변 동기들만 봐도 의사들은 지인들에게 진료 요청을 수시로 받는다. 그중 소수의 사람들하고만 인연을 맺는 찐 I형의 정신과 의사 후배가 하나 있다. 최근 고등학교 친구 요청으로 속을 좀 썩은 모양인데 대략의 스토리를 들으니 공감이 갔다. 후배의 친구는 정신과 진료에 대한 거부감 때문인지 후배에게 자신의 집에서 아이의 진료를 봐달라고 요구했다.

후배는 친구의 요청이 꺼림칙했지만 워낙 부모님끼리도 막역한 관계인 데다가 "한 번만 와줘. 아이 일이잖아. 이번이 처음이자 마지막이야"라고 말하는 친구의 요청을 뿌리칠 수 없었다고 한다. 나 같았어도 거절하기 힘들었을 것 같다. 문제는 이때부터 시작되었다. 처음이자 마지막이라고 했던 친구는 아이와 관련한 문제가 생길 때마다 집으로 와서 봐달라고 도움을 요청했다.

"○○야, 정말 미안해. 아이가 학교에서 친구에게 상처를 받은 것 같아. 너무 힘들어한다. 병원을 가라고 하면 더 충격을 받을 것 같으니 주말에 우리 집에서 같이 만나면 안 될까?"라며 메시지를 보내온 것이다.

후배도 이제는 정말 아니라고 생각했는지 병원에서 절차를 밟고 진료를 받아야 한다고 친구에게 정식으로 거절 의사를 밝혔다. 하지만 이렇게 단호하게 거절하기까지 며칠이 걸렸다.

월요일 밤에는 친구가 왜 이렇게 선을 넘는지 이해하

기 어려워 화가 났다가, 화요일에는 내가 너무 모진 건가 싶은 생각이 들었다. 또 수요일엔 처음부터 집으로 가는 게 아니었는데 다 내가 자초한 일이라며 자책했고, 목요일엔 이런 것 하나도 제대로 처리하지 못하면서 앞으로 어떻게 환자를 볼지 걱정하며 땅굴로 파고 들어갔다가, 금요일에 다다라서야 힘들고 괴로운 감정에 못 이겨 이제는 매듭을 지어야겠다고 다짐하고서는 친구에게 거절 의사를 알렸다고 한다.

결국은 '아, 몰라'라며 감정에 이끌려 용기를 낸 것이다. 이처럼 후배는 무슨 고민이 생기면 땅굴을 파고 들어가다 무수한 말풍선과 대화를 나눈 뒤 더 이상은 안 되겠다 싶을 때 의사 표현을 한다. 하는 것이 아니라 던진다는 표현이 더 적합해 보인다. 그것도 아주 부자연스럽게. 이 모습을 보면서 거절이나 부탁을 잘하는 게 얼마나 중요한 역량인지 체감했다.

매뉴얼이 있으면 거절이 쉬워진다

후배도 그렇지만 남에게 거절을 못 하는 사람일수록 보통 사람에 비해 결정을 내리기까지 오랜 시간이 걸리는 편이다. 스스로 이걸 거절해도 되는지에 대한 확신이 부족한 탓이다. '내가 거절해도 되는 입장인가?', '거절했을 때 불쾌하게 생각하면 어쩌지?', '돌고 돌아서 안 좋은 영향이 오면 어떡하지?', '부모님끼리도 아는 사이인데 나 때문에 사이가 불편해지면 어쩌지?', '이 사람에게 큰 부탁을 들어주는 것으로 보험을 들어놓을까(결국 보험으로 써먹지도 못한다)?'라며 마음속으로 말풍선을 하나씩 띄우고 터트리기를 반복하느라 무수한 밤을 보낸다.

가끔은 내가 굳이 거절하지 않아도 상대가 먼저 나가떨어지거나 포기하기를 기대하기도 한다. 그래서 결정을 최대한 미루고 뭉개는 경우도 있다. 타인에 의해 결론이 나야 자신이 안전해진다고 믿는 탓이다.

아마 내 후배도 그랬을 것이다. 자신이 거절 의사를 밝혔을 때 상대에게 비난을 듣지 않아도 되는 진료에 관한 영역이니 저 정도 용기가 가능했던 것이지 사적인 부탁이었다면 지금까지도 거절하지 못한 채 시뮬레이션을 돌리고 있었을 것이다.

거절하지 못해 전전긍긍하거나 무리한 부탁을 들어준 경험이 있다면 매뉴얼에 따라 행동하도록 시스템을 만드는 것이 좋다. 후배에게도 진료 부탁을 받았을 때 들어줄 수 있는 최선과 물러서면 안 되는 마지노선을 미리 정해둘 것을 제안했다.

집에 가서까지 진료를 봐주는 것은 안 되지만(물러서면 안 되는 마지노선), 내가 있는 병원으로 오면 상세히 봐주기(들어줄 수 있는 최선)처럼 말이다. 적정선을 미리 정해두면 나흘 밤 고민할 것도 이틀로 줄일 수 있다.

사적인 요청, 특히 반복될 여지가 있는 사안에 대해서도 매뉴얼을 정해두면 도움이 된다. 의사 표현을 언제까지 해줬을 때 내 마음이 편안한지를 생각해보고 그에 따라 마감 시한을 정해두는 것이 중요하다. 스스로 생각하기에 너무 늦게 대답을 하면 미안한 마음에 상대의 요청을 들어줄 여지가 생기기 때문이다. 분명 처음에는 그 안건에 대해서만 수락할지 말지를 고민했는데 어느 순간 내가 대답을 준 시점을 가지고 고민하게 되는 것이다. 이런 불상사는 막아야 한다. 이런 상황에서는 이렇게 하겠다는 매뉴얼을 미리 정해두는 것만으로도 상대와의 관계를 훼손하지 않으면서 나의 불안감을 잠재울 수 있다.

반복적으로 불편해질 상황은
초반에 끊어내기

2010년 개봉한 범죄 스릴러 영화 〈부당거래〉에 나온 유명한 대사가 있다. "호의가 계속되면 권리인 줄 안다"라는 말이다. 인터넷에 무례한 사람에 관한 사연이 올라오면 어김없이 등장하는 말인데 자주 등장하는 사연 중

하나가 차량 동승 문제다.

"가는 길에 태워다 줄게"라는 나의 호의를 고마워하는 사람이 있는 반면 다른 방향임에도 "멀지 않으니까 나 좀 데려다줘"라며 나를 운전기사로 대우하는 사람도 있다. 한 번이면 상관없다. 정말 한 번만 그렇게 해주면 되니까. 하지만 매일 봐야 하는 얼굴이고 이런 상황이 반복된다면 이야기는 달라진다. 여기서 핵심은 '반복될 여지'를 판단하는 것이다.

만약 그 사람이 호의를 권리로 여긴다면 그 한 번으로 무조건 끝내야 한다. 퇴근 시간을 달리하거나 중간에 운동을 등록해서라도 퇴근 동선이 겹치지 않도록 시스템을 만들어야 한다. 유치하게 그런 짓까지 해야 하느냐고 되묻겠지만 날마다 그 사람과 퇴근 전쟁을 치르며 감정 소모를 하는 것보다 문제를 깔끔하게 해결할 수 있는 방법이다.

그러지 않으면 동승 퇴근이 한 번이 되고 두 번이 되고 일상이 될 수 있다. 심지어 퇴근 후 일정을 잡으면서도 동승자 눈치를 보는 상황이 벌어질지도 모른다. 정말 딴 약속이 있음에도 '저 사람, 혼자서 퇴근해야 하는데 나 때문에 불편하게 가는 거 아니야'라며 신경을 쓰게 되는 것이다.

어디 이뿐인가. 좁은 공간에 함께 있으면 그 사람이 싫어하는 사람에 대해 같이 욕도 해줘야 하고, 같이 저녁을 먹자고 하면 거기에도 응해줘야 된다. 점점 다른 영역으로까지 그 사람에게 종속되는 일이 벌어지는 것이다. 그러니 초반에 조심해야 한다.

〈리스본행 야간열차〉라는 영화를 보면 이런 대사가 나온다.

"꼭 요란한 사건만이 인생의 방향을 바꾸는 결정적인 순간이 되는 것은 아니다. 실제로 운명이 결정되는 드라마틱한 순간은 믿을 수 없을 만큼 사소할 수 있다."

인간관계에서의 큰 다툼이나 걷잡을 수 없는 갈등도 마찬가지다. 배신을 크게 하거나 뒤통수를 쳐야만 관계가 악화하는 것이 아니다. 오히려 사소한 감정이 쌓이고 쌓여서 큰 분노로 이어지는 경우가 훨씬 흔하다. 특히 앞의 경우처럼 동승자를 모시느라 회사 생활이 힘들어지다가 급기야 퇴직까지 결심할 수도 있는 것이다. 그러니 애초부터 이것은 작은 일이 아니며 나에게는 얼마든지 큰일이 될 수 있다고 생각하고 호의를 베풀어야 할지 말아야 할지를 결정해나가는 연습을 해야 한다.

친구의 부탁을 거절하기 힘들다면
나만의 거절 매뉴얼을 만들어봅시다.

들어줄 수 있는 최선과
물러서면 안 되는 마지노선을
미리 정해놓는 거죠.

거절해도 되는지 확신이 없을 때
매뉴얼에 의지하면 감정적으로 휘둘리지 않고
객관적인 기준대로 행동할 수 있습니다.

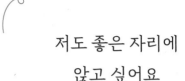

저도 좋은 자리에
앉고 싶어요

　사소한 걱정과 불안이 많은 사람들 중에 배려심이 넘치는 이들이 있다. 문제는 남을 배려하느라 자신은 손해를 본다는 점이다. 세련 씨의 경우가 그렇다. 그녀는 최근 친구들과 오랜만에 만났다며 이런저런 이야기를 들려주다가 솔직한 심정을 털어놓았다.

　"친구들이랑 카페에 갔는데 4인용 좌석밖에 없더라고요. 저희가 총 다섯 명이라 직원이 약간 낮은 의자를 가지고 와 5인용으로 만들어줬어요. 그러면 한 명은 간이 의자에 앉아야 하잖아요. 그런데 이상하게 그날은 그 의자에 앉기가 싫더라고요. 간이 의자는 딱 봐도 짐이나 가방을 놓는 용도로 쓰기에나 적합한 크기였고 의자 높이가 낮아 친구들과 눈높이가 맞지 않을 것처럼 보였어요.

평소 제 행동이 굼뜨기도 하고 딱히 욕심을 차리는 편이 아니어서 친구들부터 앉힌 뒤 그 의자에 앉았는데 기분이 안 좋았어요. '또 여기네?' 싶어서요. 그러다 인증샷을 찍을 때 한 친구가 저를 잡아당기며 앵글에 잘 나오도록 자세를 만들어주더라고요. 그때 기분이 살짝 풀렸던 것 같아요. 저 유치하죠? 이런 걸로 상처받고. 그런데 저도 이제 간이 의자 말고 편한 의자에 앉고 싶어요."

욕구가 생겼다는 것은
그만큼 성장했기 때문이다

그녀의 이야기에서 두 군데에 눈이 갔다. 하나는 간이

의자를 보자마자 들었던 "그날은 그 의자에 앉고 싶지 않았어요"라는 마음이고, 다른 하나는 "이제는 간이 의자에 앉고 싶지 않아요"라는 생각이었다. 전자가 직감이라면 후자는 자기 욕구에 대한 방향의 전환, 어떤 결심이 된다.

"그날은 그 의자에 앉기 싫었어요"부터 살펴보도록 하자. 그날 세련 씨와 동행한 네 명의 친구들도 간이 의자를 두고 이런 생각을 했을까. 했을 수도 있고, 하지 않았을 수도 있다. 확률은 반반이다. 하지만 세련 씨처럼 반사적으로 하지는 않았을 것 같다. 어떤 이유에서인지 모르겠지만 그녀는 비슷한 상황에서 항상 먼저 불편한 의자를 선택해왔다. 나는 이 점을 환기했다.

"의자가 다섯 개잖아요. 그럼 일반적인 의자에 앉을 확률은 80퍼센트이고 간이 의자에 앉을 확률은 20퍼센트예요. 통상적으로 사람들은 확률이 높은 80퍼센트의 가능성을 먼저 생각하죠. 그런데 본인은 처음부터 80퍼센트의 높은 가능성을 선택지에서 제외하고 소수의 확률만 가지고 고민하는 느낌이에요. 마치 그 불편한 의자가 처음부터 나를 위해 준비되어 있다는 듯이요."

세련 씨가 늘 먼저 양보해오던 세련 씨의 습관 때문일 수도 있고 친구들 사이에서 암묵적인 서열이 느껴져서 그랬을지도 모른다. 꼭 을이나 병이 아니더라도 다른 약자를 지키기 위해 배려한 것일 수도 있다.

동시에 더 중요한 사실도 일깨워주었다. 세련 씨가 더 이상 간이 의자에 앉고 싶지 않다고 말하게 된 심경의 변화가 눈에 띄었기 때문이다. 이전에는 다른 사람의 욕구를 먼저 살폈다면 이제는 본인의 욕구에도 눈길을 주기 시작했다는 게 좋은 신호라고 말이다.

하지만 세련 씨는 걱정이 앞섰다.

"제가 이기적인 건 아닐까요? 좋은 자리에 앉고 싶은 건 다른 사람도 똑같을 텐데 제 잇속만 차리는 것처럼 느껴져서 미안해요."

이 대답에서 그녀는 자신의 희망보다 타인의 희망을 우선시하는 게 느껴졌다. 나는 반문했다.

"왜 세련 씨는 좋은 자리에 앉고 싶어 하는 사람들 안에 포함되면 안 되는 걸까요?"

이에 그녀는 "아… 한 번도 그런 생각을 해본 적이 없어서 어색한 것 같아요"라며 자신도 그동안 이런 마음을 가졌던 것이 다소 의외라는 듯이 이야기했다.

아마 극적인 계기가 아니어서 인지하지 못했을 뿐 세련 씨 심경의 변화를 일으킨 계기가 있을 것이다. 그만큼 건강해져서 이런 욕구가 생긴 것이기도 하다. 그리고 세련 씨가 욕심을 부려봤자 '편한 소파에 앉을 거야'가 아니라 '간이 의자에는 그만 앉고 싶어' 정도였다. 이기적인 사람들은 이런 생각 자체를 하지 않고 그냥 앉는다.

세련 씨에게 자신을 이기적인 사람이라고 생각하기보다 타인의 욕구만큼 자신의 욕구도 존중하는 길이 하나 만들어진 것이라 여기라고 조언했다. '나에게도 길이 하나 만들어졌네. 나를 위한 길'이라고 말이다. 자신에게 좋은 것들을 줄 수 있어야 타인에게도 보상 심리나 피해 의식 없이 좋은 것들을 줄 수 있는 사람이 될 수 있다.

그래도 정 눈치가 보이거나 미안한 마음이 든다면 의자에 착석할 때 '순서대로'를 견지해도 된다. 말 그대로 온 순서대로 앉는 거다. 카페에 먼저 가서 소파 자리가 남아 있으면 우선 편한 자리에 앉는다. 마지막에 오는 친구가 간이 의자에 앉으면 된다. 만약 내가 제일 마지막으로 들어갔으면 그때는 내가 간이 의자에 앉는다. 친구 사이인데 의자 가지고 의전을 맡고 있는 것이 오히려 부자연스러운 일이다.

뚱딴지같은 소리로 들리겠지만 의자는 그냥 의자가 아니다. 내 자리라는 의미가 훨씬 강하다. 취업에 성공했을 때 지인들에게 "이제 나도 내 자리 생겼어"라고 말하는 것도 정체성이 놓일 공간으로 의자를 인식하기 때문이다.

사적인 관계에서도 마찬가지다. 세련 씨는 친구들 사이에서의 의자를 가지고 고민했다면, 연인 사이에서도 의자는 그 의미가 결코 가볍지 않다. 연인과 헤어질 조짐이 느껴지는 순간이 자리로 인식될 때가 누구에게나 있었을 것이다. 너무나도 당연하고 편했던 연인의 옆자리가 부담스럽게 느껴지는 바로 그때다. 뭔가 연인의 공기가 자신을 밀어내는 느낌이 드는데 연애 초반에 잡아당기던 느낌과는 정반대인 상황이 연출되는 것이다.

　이처럼 의자는 단순히 가방이나 엉덩이를 놓는 곳이 아니다. 사회생활에서의 내 정체성, 좋아하는 사람들과 함께하면서 발생하는 연대감, 설렘, 행복감, 소속감도 같이 앉는 자리다. 그러니 '나는 왜 고작 의자 하나 때문에 이렇게 전전긍긍할까' 하며 자책하지 말자. 그런 경험이 있기에 누군가 자리 때문에 은근히 상처받는 모습이 보일 때도 '소외감을 느꼈구나'라고 찰떡같이 알아들을 수 있게 될 것이다.

친구들을 만나면
그들의 의견을 따르고
양보하는 데 익숙한 당신.

'나도 하고 싶은 게 있는데….'
내 의견을 솔직히 말하기가 어렵나요?

자신에게 좋은 것을 줄 수 있어야
보상 심리나 피해의식 없이
다른 사람들과 건강한 관계를 만들 수 있습니다.

타인의 욕구를 배려하는 만큼
자신의 욕구도 존중해주세요.

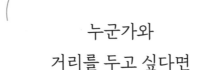

누군가와
거리를 두고 싶다면

자존감은 모든 것을 선행하는 개념이다. 특히 타인과의 관계에서 1대 주주라고 해도 손색이 없을 만큼 자존감의 파워는 실로 대단하다. 하지만 중요한 사실이 있다. 아무리 자존감이 높은 사람일지라도 불편한 관계 앞에서는 무력해진다는 것이다. 특히 외향적이거나 내향적인 사람 할 것 없이 누구에게나 불편한 상황이 있는데 바로 친구의 친구와 억지로 친하게 지내야 할 때다.

MBTI가 I에 가까운 경은 씨는 최근 걱정거리가 하나 생겼다. 10년 지기인 K 때문에 불편한 일이 늘어났기 때문이다. 두 사람은 중학교 때부터 친구였는데 최근 들어 부쩍 가까워졌다. 문제는 경은 씨는 낯을 가리는 반면 K는 두루두루 알고 지내는 것을 좋아한다는 사실이다.

일이 터진 건 K의 생일 주간 때였다. 보통 생일이라고 하면 본인이 태어난 하루만 의미 있게 보내지만, K는 생일이 있는 한 주 내내 파티를 할 정도로 인기가 많다. 말 그대로 '인싸'다. 경은 씨는 자신을 자발적 '아싸'라고 소개하면서 이야기를 꺼냈다.

"전 K 생일이라서 둘이서만 보는 줄 알고 나갔는데 갑자기 K가 친구를 두 명 더 부르면 안 되겠냐고 하더라고요. 자기가 약속이 너무 많아서 오늘이 아니면 얘네를 못 본다고요. 본인 생일이니까 그러라고 했는데 이게 실수였어요.

이날 이후로 K는 자기 친구들과 제가 친해지기를 대놓고 바라더라고요. 둘이서 노는 것보다 여럿이 놀면 더 재밌지 않냐고, 좋은 게 좋은 거 아니겠냐며 다가오는데 제가 그때마다 정색하거나 거절을 하거든요. 그럼 또 저는 집에 오는 동안 내가 너무 정색했나 싶은 생각이 들면서 마음이 안 좋아요. K는 저를 만나는 김에 다른 사람도 같이 만나려고 하는 것 같은데 저는 이게 불편하고 어려워요. 그래서 지금은 K와도 잘 안 만나고 있는데 이 관계를 어떻게 해야 할지 모르겠어요."

어디에 가나 K처럼 너도 내 친구, 내 친구도 네 친구로 여기는 이가 한 명씩은 존재한다. 그런데 뜻하지 않은 제3자와 자리를 함께하는 것은 비단 경은 씨만이 아니라 대다수의 사람들이 부담스러워하는 일이다. 지인의 지인은 곧 '남'이나 마찬가지니까.

K 입장에서는 어차피 양쪽 모두와 친하니 긴장한다거나 떠안아야 할 불확실성은 없다. 하지만 경은 씨는 다르다. 처음 보는 사람이니 배려도 해야 하고 긴장도 되고 여러모로 에너지 소모가 많을 수밖에 없다.

문제는 이게 한 번으로 끝나지 않고 반복될 가능성이 높다는 점이다. K에게는 이들끼리 안면을 트게 하면 세 번 약속 잡을 것도 한 번의 약속으로 해결되니 효율적일 것이다. 문제는 본인 혼자서만 즐겁다는 데 있다. 경은 씨는 K와의 친분을 두고 고민에 빠질 수밖에 없다. 이 친구와 계속 인연을 이어가려면 그녀의 친구들까지 떠안아야 하니 말이다.

경은 씨처럼 가치관과 성향이 다른 문제로 친구와 다툼이 있거나 그래서 손절까지 고민한다면 세 가지를 점검해보았으면 한다.

첫째, 여러분을 심란하게 만드는 대상 자체보다 이 대상이 건네는 스트레스로 관심을 옮겨보는 것이다. 만약 경은 씨라면 친구 K가 아닌, 현재 K와의 사이에서 갈등을 빚어내는 주제인 게릴라성 만남으로 초점을 옮기는 것이다. 마음이 약한 사람이라면 이 방법이 효율적일 수 있다. 자신에게 스트레스를 주는 친구에게 초점을 맞춰버리면 죄책감, 부담감, 불안감, 미안함과 같은 감정이 올라온다. 그리고 이 감정 때문에 상대에게 싫은 소리 한번 못 하고 끌려갈 확률이 높다.

하지만 대상이 주는 스트레스에 집중하면 초점이 자신에게 맞춰지는 효과가 있다. 불필요한 감정이 올라오는 것을 막을 수 있으며 친구와 자신의 성향 차이를 깨닫게 해주는 등 객관적인 판단을 하도록 도와준다.

경은 씨에게도 이 부분을 들여다볼 것을 제안했다. 그러자 그녀는 "K와 저는 결이 맞지 않는 것 같아요. 저 말고도 만날 친구가 많은 것도 싫고 제 앞에서 다른 사람 언급하는 것도 불편해요. 다만 아예 인연을 끊는 것보다 경조사 정도는 챙기는 편이 마음 편할 것 같아요"라는 결론을 얻었다고 한다.

둘째, 작은 신호를 보내는 방법이다. 바닷가에 가면 수면 위로 바위 머리가 슬그머니 보일 때가 있다. 그 바위를 보면 밀물과 썰물을 알아차리기가 수월하다. 바위 머리가 보이면 물이 빠져나간 것이니 썰물이 되고, 반대로 바위 머리가 잠기면 밀물이 된다. 관계에서의 작은 신호

보내기도 이런 역할을 한다고 보면 된다.

예를 들어 상대가 무리하게 약속을 잡는다거나 또 아무나 합류시키려고 할 때 냉큼 알았다고 하기보다 잠시 대답을 머뭇거리거나 나중에 일정을 보고 알려준다고 말하거나 실망한 표정으로 마지못해 받아주는 등 일종의 신호를 보내는 것이다. 대놓고 거절하면 분명히 마음이 불편할 테니 자신의 의중을 살짝만 드러내보는 것이다. 그럼 상대는 '얘가 내키지 않는구나', '못마땅한 눈치네', '시간이 안 되나' 하며 눈치를 채게 된다.

이런 방법은 내가 직접적으로 거절을 못 하는 경우 상대가 나의 거절을 인지하도록 만드는 것이 목적이다. 이 과정에서 상대가 서운해하거나 불편한 티를 내더라도 용기를 내야 한다. 매번 양보하고 속앓이를 하기보다 진심이 아니라면 티라도 내는 것이 맞다. 호미로 막을 일을 가래로 막는다는 속담도 있지 않은가. 작은 언짢음, 서운함 정도로 끝날 일을 묵혀두다가 끝내 터져버리면 그때는 손절 말고는 답이 없다.

셋째, 참고 참다가 더 이상은 안 되겠다 싶다면 상대가 눈치채지 못하도록 서서히 멀어지는 것도 방법이다. 꼭 본인이 나서서 관계를 끊을 필요는 없다. 이 역시 불안을 자극하기 때문이다. 섣불리 손절했다가 나중에 K와 볼 일이 생기면 어떡하지 고민하며 밤잠을 이루지 못할 수도 있다.

이런 때는 관계의 전원을 단번에 끄는 것보다 K가 바로 눈치채지 못하도록 서서히 멀어지는 페이드아웃^{fade-out} 방식을 택하는 편이 낫다. 무대 조명이나 TV 화면이 서서히 꺼지는 것을 페이드아웃라고 하는데 관계에서는 조심스러운 손절을 의미한다고 할 수 있다.

가령 K에게 연락이 오면 받아주고 생일이면 축하도 해주며 연결된 상태만 유지하는 것이다. 단 만나자고 하면 "아! 요즘에 회사에서 일이 바빠져서 당분간은 정신이 없을 것 같아. 내가 틈나는 대로 다시 연락할게"라며 살짝 빠지거나 경조사 자리에 참석해 인사만 주고받는 것이다.

이런 태도가 이중적으로 보일 수도 있다. 하지만 사회

생활을 하면서 굳이 싫은 티를 낼 필요는 없다. 최대한 적을 만들지 않는 것도, 손절할 에너지를 절약하는 것도 사회적 관계에서는 효율적인 요령이다.

나를 불편하게 하는 친구가 있나요?
마냥 참는 건 좋은 생각이 아닙니다.

부담스러운 부탁을 한다면
'잠시 대답 머뭇거리기'나
'받아주되 실망한 표정 짓기' 등
작은 신호를 보내는 연습도 필요하죠.

그래도 나아지지 않는다면
친구가 눈치채지 못하게
서서히 멀어지는 것도 방법입니다.

손절도 현명하게 해야
불안도가 높아지지 않습니다.

저를 불안하게 만드는 사람이 있어요

자존감이 낮으면
연애가 힘든 이유

이 세상에 존재하는 것들 중 연애만큼 불확실성으로 똘똘 뭉친 것이 또 있을까. 결혼은 '내 짝'이라고 법적으로 붙잡아둘 수라도 있지 연애에서는 언제든 상대가 떠나가도 붙잡을 권리와 명분이 없다. 수학을 잘하면 다른 과목에서도 우등생이 될 확률이 높듯이 연애를 잘하는 사람 역시 관계에서 우등생이 될 확률 또한 높다. 그만큼 고난도의 관계가 바로 연애다. 이처럼 연애가 힘든 이유는 이를 통해 우리의 자존감과 자기애가 확연히 드러나기 때문이다.

"자존감이 낮아서 연애에 실패하나 봐요", "왜 저는 연애를 하면 할수록 자존감이 낮아지는지 모르겠어요"라는 말을 하루에 서너 번은 넘게 듣는 것 같다. 20~30대 친구들에게 연애와 일은 삶의 두 기둥이라고 해도 과언이 아닌 만큼 연애 고민이 많은 것도 당연하다.

2016년 재미있는 연구 결과를 기사로 접했다. "헌신하는 사랑, 오히려 실패할 확률이 높다"라는 제목으로 연애와 자존감의 관계를 밝히는 기사였다. 미국 휴스턴대학교 심리학과 칩 레이먼드 니Chip Raymond Knee 교수 연구팀은 198명의 참가자를 모집해 14일간 연인과 있었던 일과 감정을 기재하도록 했다. 참여자들이 기록한 내용을 가지고 연구팀이 개발한 관계에 좌우되는 자존감, 즉 RCSErelationship-contingent self-esteem 지수에 대입해 분석한 결과 RCSE 지수가 높으면 높을수록 상대에게 몰두하는 경향성이 높았으며 이별에 대한 집착 역시 상당한 수준이었다.

연애 상대에게 몰두한다는 말을 우리말로 하면 '너만 보인단 말이야' 정도가 될 것이다. 온종일 너만 보이니 인생이 어떻게 되겠는가. 아침에도 너, 점심에도 너, 저녁에도 너, 짬이 날 때마다 너. 하루종일 연인에게만 초점이 맞춰지게 된다.

그런데 모순적인 점은 온종일 신경을 쏟는 만큼 더욱더 그 사람이 내 마음에서 빠져나가는 것처럼 느껴진다는 것이다. 연인에게 몰두할수록 부족한 부분이 더 크게 보이는 것 같고 상대가 딱히 잘못을 저지르지 않더라도 괜히 마음이 상하는 일도 생긴다. 이건 연애 불변의 법칙이다.

'연애 초반엔 모닝콜도 빼먹지 않고 해줬는데'라는 생각이 들면서 서운해지고 '왜 점심시간이 다 지났는데 연락이 없지?'라는 생각에 우울해지다가 '오후 5시 30분이면 퇴근 준비를 한다면서 나한테 연락할 마음은 안 드나 봐'라는 생각에 이별을 결심한다.

그와 만나기 전에 '나'와 만나라

상대에게 집중하는 만큼 다툼과 오해가 비례해서 늘어나는 건 어쩔 수 없다. 이것을 해결하기 위해서는 연인이 아닌 '나 자신과 얼마나 잘 놀 수 있느냐'에서 답을 찾아야 한다. 여기에서 말하는 나와 잘 놀기에는 필연적으로 '연인이 없는 시간 동안'이라는 단서가 붙는다. 이런 면에서 사랑에 대한 우리의 마음은 참 모순적이다. 누군가와 함께하려고 연애를 하는 건데 연인이 없는 시간을 잘 지내는 사람이 건강한 연애를 할 수 있다는 것이 말이다.

원리를 설명하면 간단하다. 나 혼자 재미있게 시간을 보낼 줄 아는 사람은 연인에게 전전긍긍하지 않으며 끌려가지 않는다. 연인에 대한 긍정적인 감정으로 자신의 삶에서 에너지 효율성이 좋은 연애를 하게 된다. 이게 핵심이다. 연인을 만났더니 상쾌한 기분으로 자신을 대하고, 서로 그동안 뭘 했는지 신나게 이야기한다면 긍정적인 감정으로 데이트를 시작할 수 있다. 설사 중간에 한쪽이 삐

치거나 화를 내더라도 달래줄 에너지가 충분하니 상황에 맞춰 기분을 풀어주고 깔끔하게 갈등을 해소한다.

반대라면 어떨까. 만나기 전부터 '벼르고 나온 연인'을 상대하는 입장에서는 불편한 감정을 먼저 느끼며 데이트에 임하게 된다. '내가 뭘 잘못했나? 표정이 안 좋네'라며 계속 생각하게 되고 상대는 상대대로 불만이 쌓인다. 당연히 힘이 빠질 수밖에 없고 결국 사소한 것을 빌미로 다투거나 한쪽에서 눈치만 보다가 데이트를 마무리하게 된다. 이미 만나기 전부터 그날의 데이트 컨디션이 정해지는 것이다.

그래서 나는 연애 고민을 털어놓는 이들에게 '연애를 한다는 것은 나의 삶과 상대의 삶이 일정한 거리를 두고 서로의 감정을 공유하고 교감하는 과정'이라는 점을 상기시켜준다.

"내가 행복한 감정을 가지고 만나면 상대도 그 감정을 나눠 받아 행복해질 거예요. 만약 상대에게 그날 안 좋은 일이 있어도 나의 행복한 감정 덕분에 불편한 감정을 희석할 수 있겠지요. 서로 반대의 상황에서도 마찬가지고요.

만약 연애를 시작했다면 상대방이 가진 외모만이 아니라 그 사람이 평소 어떻게 감정을 관리하는지도 살펴보세요. 우리는 외모에서도 매력을 느끼지만 감정을 처리하는 방식을 보면서도 매력을 느끼거든요. 그리고 상대의 내면에서 매력을 느낄 수 있다면 그 사람에게 당신은 특별한 사람이 될 겁니다. 그런 부분까지 바라봐주고 사랑해준다는 것은 그만큼 서로 깊이 이해하고 있다는 거니까요."

여기서 말하는 감정 관리는 자존감이나 자기애 관리와도 연결된다. 자존감과 자기애가 안정적인 사람은 행복이나 불행, 누군가의 관심이나 무관심, 연인의 연락 횟수로 자기 존재가 뿌리째 흔들리지 않는다. 서운해할 수는 있지만 화를 퍼붓는다거나 혼자서 이별 준비를 해나가는 식으로 일을 키우지 않는 것이다. 혼자만의 영역에서도, 타인과의 관계에서도 안정되어 있기 때문이다. 참고로 혼자서도 안정감을 가진다는 것은 자신과 안정된 관계를 맺는다는 의미지 '연애고 뭐고 다 귀찮아, 혼자서 지낼

래'처럼 물리적인 혼자됨을 의미하는 것은 아니다.

그럼 앞으로 어떻게 하는 것이 좋을까. 아침에도 너, 점심에도 너, 저녁에도 너, 짬이 날 때마다 너였다면 앞으로는 일부러라도 혼자 있을 때 자신의 마음을 돌아보는 시간을 가져야 한다. 산책을 하든, 음악을 듣든, 책을 읽든, 드라마를 보든, 게임을 하든 무언가를 혼자서 하는 시간을 의식적으로 챙기는 것이다.

그리고 그렇게 혼자가 된 나 자신에게 익숙해지려고 노력해보자. 이러한 노력을 반복하다 보면 습관이 되고 이러한 습관은 설사 그와 헤어지더라도 내 인생에 남게 된다. 좋은 연애의 정의가 외적, 내적 성장을 이루는 거라면 이러한 습관은 내적 성장에 도움이 되어줄 것이다.

헌신짝이 되는 이유

앞에서 연인에게 몰두하는 사람일수록 관계에 따라 자
존감이 좌우되는 경향이 크다는 연구 결과를 언급했는데
여기에 부연 설명이 필요할 것 같다. 관계가 안정적이면
자존감이 올라가지만 조금만 불안정해도 급격히 자존감
이 떨어진다는 것은 연인에게 헌신하고 희생할수록 자존
감이 낮아진다는 뜻이다. 그렇다면 왜 자존감이 높기 때
문에 자신의 것을 다 내줄 수 있다고 생각해볼 수는 없는
걸까.

자존감이 높은 사람이 최선을 다하면 자신은 물론 연
인에게도 뒤끝이 남지 않는다. 내가 사랑한 만큼 최선을
다했고 그걸로 충분하다고 여기니 보상 심리가 작동할
겨를이 없다. 당연히 아무 대가 없는 마음을 받은 상대는
연인에게 더 큰 고마움과 사랑을 느끼면서 둘 사이는 선
순환하게 된다.

반면 자존감이 낮은 사람의 헌신 속에는 연인에게 바라

는 바가 같이 따라 들어간다. 내가 나를 바라보는 시선이 부정적이기에 타인을 위해 이렇게 행동해서라도 그 사람의 마음을 얻고 싶다는 의도가 동반하기 때문이다. '난 이만큼 표현하는데 얘는 반응이 미지근하네', '지금 이게 연애하는 건가'라는 결핍을 상대에게 은근슬쩍 전달함으로써 불편한 공기를 만든다. 우리는 이것을 부담감이라고 부른다.

문제는 이게 무의식적으로 이뤄진다는 점이다. 헌신하는 쪽에는 '다 내준 것 같은데 이 부족함은 뭐지?'라는 감정이, 그것을 받는 쪽에는 '이상하게 왜 불편하고 부담되지?'라는 감정이 남는다. 만약 이런 뒤끝 있는 연애를 해봤거나 하는 중이라면 자신 혹은 상대의 자존감에서 답을 찾아야 한다. 그래야 알맹이는 놔두고 표피만 가지고 머리를 싸매는 일을 반복하지 않을 수 있다.

자존감은 어릴 때부터 자기 자신이 사랑받기 위해 태어난 존재라는 사실을 일정량 이상으로 확인받아야만 채워진다. 이게 충족되지 않은 사람은 성인이 되어 대부분 연인에게서 모조리 채우려든다. 그 과정에서 계속해서 애정을 바라게 되고, 바라는 만큼 상대에게 헌신하게 되는 것이다. 연인은 당신의 부모가 아니다. 이 점을 반드시 명심해야 한다.

나를 사랑하는 정도를
눈금으로 표기하기

건강하지 않은 연애를 두세 번 정도 하면 "잘해줘 봤자 소용없어", "헌신만 하면 헌신짝처럼 버려지네", "절대 사내에서는 연애 안 해"와 같은 연애관이 잡히기 시작한다. 자신만 손해 보는 듯한 연애가 반복되는 이들에게는 다음 이야기를 전하고 싶다.

부모와 자식 관계를 제외하고는 사람은 누구나 자기 자신을 사랑하는 범위와 양을 넘어선 헌신과 사랑을 타인에게 내줄 수 없다. 그리고 그것을 초과하는 순간 본능적으로 보상 심리가 발동하게 되어 있다. 내가 헌신과 사랑을 쏟아부었다고 해도 상대가 이별을 결심한다면 나의 마음이 다르게 가닿았기 때문이다. 지루하고 고루한 말이지만, 무턱대고 다음 연애를 시작하기 전에 '자신을 사랑해야 남도 사랑할 수 있다'는 말의 의미를 고찰해보면 좋겠다.

한번은 진료실에서 남자친구 문제를 토로하던 분이 있었다. 자신을 위해서는 3만 원짜리 화장품도 망설이는 편인데 남자친구에게는 20만 원이 넘는 향수를 선물했다고 한다. 그런데 남자친구가 기대보다 반응이 없어 섭섭했다는 것이다. 이게 건강한 사랑 표현이라고 볼 수 있을까.

건강한 사랑이라면 남자친구에게 향수를 건넴과 동시에 뿌듯함을 느끼고 끝이어야 한다. 하지만 이 여성은 그 선물 이후 "사랑한다는 말이 그렇게 어려워?", "나에게만 열중해달라는 게 힘든 부탁이야?"라며 애정에 대한 확인을 요구했다. 자신이 평소 쓰기 힘든 값비싼 선물을 했으니 은연중에 그만큼의 무언가를 남자친구에게 기대한 것

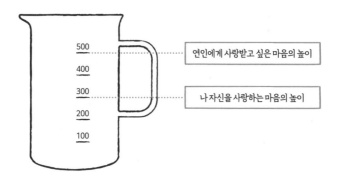

연인에게 사랑받고 싶은 마음의 높이

나 자신을 사랑하는 마음의 높이

이다. 이런 경우라면 선물한 향수는 관계의 독이 될 수 있다. 나를 먼저 사랑하는 것이 중요한 이유다.

불안정한 연애가 계속된다면 머릿속에 실험실 비커를 떠올리며 자존감 정도를 측정해보는 것도 도움이 된다. 우선 비커에 '내가 나 자신을 사랑하는 마음의 높이'를 체크해본다. 대략이라도 눈금을 정해보면서 '아, 나는 지금의 나를 300만큼만 사랑하는구나' 하는 식으로 말이다.

그 다음에는 '내가 연인에게 사랑받고 싶은 마음의 높이'를 체크해본다. '아, 나는 연인에게 500만큼의 사랑을 원하는구나' 같은 식이다. 그리고 그 두 수치를 비교해보

자. 그러면 앞으로의 방향이 정해진다. '내가 나를 사랑하는 300 이상의 사랑을 연인에게 기대하는 건 상대방에게도 부담이겠구나'라고 이해할 수 있다.

내가 나를 300만큼 밖에 사랑 안 하는데 남이 어떻게 나보다 나를 더 사랑해줄 수 있을까. 더 많은 사랑을 원한다면 '연인에게 500만큼의 사랑을 받기 위해 애쓰기보다는 나 자신을 사랑하는 마음을 600만큼 키우려 노력해봐야겠네'로 사고의 흐름을 가져가보면 된다.

당신이 헌신짝이 되는 이유는 스스로를 300만큼 사랑해놓고 상대에게는 자신을 1,000만큼 사랑해달라고 원하며 다른 걸로 퍼주기 때문이다. 절대 상대는 '너 자신보다 나를 더 사랑해줘서 고마워. 나도 그만큼 너를 사랑할게'라고 생각하지 않는다. 오히려 연애의 균형을 잃을 뿐이다.

헌신을 받는 입장에서는 '너는 자신을 500만큼 사랑하는 아이인데 나도 300만큼이나 사랑해줘서 고마워'를 훨씬 매력적이라고 생각한다. '내가 사랑하는 사람은 자기 자신도 소중히 아끼는 사람이구나'라는 안정감이 그 연애에 더욱 몰입하도록 만든다.

연애에서 가장 중요한 원리가 본능적으로 나보다 높은 가치를 지닌 상대에게 끌린다는 것이다. 나보다 낮은 가치를 지닌 대상에게는 마음이 가다가도 식는다. 그러니 연애에서 상대방에게 나의 가치를 높이는 제1원칙은 '상대방에게 내가 나 자신을 충분히 사랑할 줄 아는 사람으로 비춰져야 한다'임을 반드시 기억하자.

자존감이 낮은 채로 헌신하게 되면
상대방에게 무언가를 바라게 됩니다.
그리고 그 기대가 충족되지 않으면
분노와 서운함이 싹트게 되지요.

사랑의 주체는 '남'이 아닌 '나'가 되어야 합니다.
내가 나를 사랑하는 만큼
사랑받을 수 있다는 사실을 기억하세요.

그 이상의 사랑을 기대하는 건
상대방에게 부담이 될 수 있다는 사실도요.

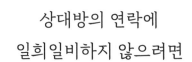

상대방의 연락에
일희일비하지 않으려면

연애만 했다 하면 감정 기복이 심해 에너지 소모가 크다는 유영 씨는 특히 남자친구의 연락에 민감하다. 사귄지 한 달이 채 안 된 남자친구가 있는데, 그가 먼저 보내오는 메시지에 마음이 들떴다가 연락이 와야 할 시간에 오지 않으면 지구의 맨틀을 뚫고 들어갈 정도로 기분이 끝없이 가라앉는다.

특히 주말에 감정 기복이 심해지는데 옆에서 이를 본 그녀의 여동생이 "언니, 사소한 데 그 정도로 감정이 휘

둘리면 그것도 병이야. 그냥 연애를 하지 마"라는 핀잔을
줄 정도라고 한다.

그런데 유영 씨를 가만히 보면 그녀의 감정에 파동을
일으키는 존재는 비단 남자친구만이 아니었다. 그녀는
화장품 파우치나 양치 컵, 핸드폰 케이스나 슬리퍼 같은
소품 쇼핑하는 것을 좋아하는데 이걸 주변 사람들이 발
견해줘야 한다. 만약 동료가 알아주지 않으면 내내 침울
해하다가 누군가 "이거 뭐야? 귀엽다"라고 해야 평정심
이 찾아온다고 한다.

"감정이 하루에도 수십 번씩 좋았다가 나빴다가 하느
라 진이 다 빠져요. 이렇게 감정의 소용돌이가 휘몰아치
고 나면 에너지가 급격히 떨어져요."

진료실에서 유영 씨가 보이는 모습은 그녀가 말한 그
대로였다. 나에게 즐거운 이야기를 전할 때는 아이처럼
신나하다가도 괴로운 이야기를 전할 때는 금세 풀이 죽
었다. 하나의 기쁨과 하나의 슬픔에 시시각각 휘둘리며
기분이 널뛰었다.

짐작하다시피 유영 씨는 연애는 물론 일상생활에서도 주변 상황에 영향을 많이 받는 타입이다. 그녀와 면담을 나누면서 어느 것이 그녀를 더 힘들게 하는 근본적인 불안인지 고민이 되었는데 인정을 추구하는 자기애적 불안보다는 안정을 추구하는 자존감적 불안에 가깝다는 결론에 다다랐다. 소품에 대한 관심이나 남자친구에게 사랑받고자 하는 욕구가 좌절된 것이니 자기애적 불안처럼 보일지 모르겠으나 그렇지 않다. 사회적인 영역에서의 자극이 가해졌을 뿐 유영 씨가 겪고 있는 것은 자존감적 불안에 더 가깝다.

자존감이 자기 자신과 얼마나 건강한 관계를 맺느냐를 나타내는 척도라고 할 때 유영 씨처럼 홀로 서지 못할 정도로 불안정한 경우 타인의 시선을 과도하게 의식하는 방식으로 그 불안이 튀어나온다.

스스로를 예쁘게 봐주지 않으니까 끊임없이 자신을 봐줄 외부 시선을 필요로 하는 것이다. 이것을 '자기애적 공급원'이라고 부른다. 나를 사랑하는 힘을 채워주는 외부 대상을 총칭하는 개념이라고 보면 된다. 그녀에게 소품은 타인의 관심을 받기 위한 자기애적 공급원에 해당하며 남자친구의 연락에 집착하는 문제 역시 자신에 대한 남자친구의 관심을 실시간으로 확인하기 위해서였다.

연애할 때 나타나는
자존감적 불안과 자기애적 불안

자존감적 불안과 자기애적 불안을 좀 더 살펴보자. 여러분이 핸드폰 케이스를 바꿨다고 해보자. 핸드폰을 사용할 때마다 새롭게 바뀐 케이스가 보일 텐데 아무도 알은척해주지 않으면 내심 서운할 수 있다.

이때 자기애적 불안을 가진 사람은 '블링블링한 걸로 바꿨는데 아무도 모르네' 정도에서 끝낸다. 서운하더라도 '다들 눈썰미가 없네'라며 가볍게 넘기고 만다. 굳이 자기 존재로까지 확대해서 가져갈 일이 아니라는 것을 알기 때문이다.

한편 자존감적 불안을 가진 이들은 핸드폰 케이스가 아니라 '케이스를 바꾼 자신'에게 온 신경을 집중한다. 아무도 알아봐주지 않으면 '나에게 관심이 없나 보네', '막내의 네일아트가 바뀐 건 알아보면서'라며 케이스를 바꾼 자신에게 관심이 오지 않는 상황을 계속 붙들고 있다. 그러다 누군가 관심을 보이면 그제야 안심하고 본인의 일상으로 돌아간다.

핸드폰 케이스 하나로도 이렇게 많은 생각을 하는데 만약 이런 타입이 연애를 한다면 무슨 일이 벌어질까. 유영 씨를 보면 자신만으로는 안 되고 연인이든 동료든 타인의 관심을 받아야만 본인의 가치가 생겨난다는 생각으로 무장되어 있다. 자존감적 불안이 높은 사람이 보이는 전형적인 모습이다. 이들은 외부 자극에 따라 감정의 기복이 심해지고 그 장단에 맞추느라 일상이 무너진다.

이와 달리 자기애적 불안은 이왕 연애를 시작했으니 남자친구에게 연락이 오면 좋고, 예쁜 소품을 마련한 날

엔 이걸 가지고 대화를 나누고 싶다는 마음 정도에서 끝난다. 설사 상대에게 원하는 만큼의 반응이 오지 않더라도 감정이 쿵 하고 내려앉기보다 약간 깎이는 선에서 마무리되며 금세 원래 상태로 돌아간다. 타인을 통한 자기애는 불안정해도 자기에 대한 자존감은 있기에 가능한 일이다.

무엇보다 자기애적 불안은 좋은 감정이든 나쁜 감정이든 흐르는 강물처럼 하나의 흐름으로만 가져간다. 남자친구에게 연락이 오면 행복이라는 감정과 만나다가 연락이 뜸해지면 실망감과 만나기도 하는, 그냥 감정이 오면 받고 시간이 지나면 흘려보내는데 이게 굉장히 중요하다 (물론 병적인 자기애를 가진 사람은 타인의 감정을 쑥대밭으로 만드니 건강한 자기애와는 구분을 해야 한다).

이 근간에는 그 연애에 대한 신뢰와 자신에 대한 자신감이 깔려 있다. '연락이 안 온다고 해서 나를 사랑하지 않는 것은 아니야. 연락 한 번에 무너질 사랑은 아니지. 내가 왜 그런 연애를 해'라고 생각하는 것이다.

연애를 해도
내 외로움은 내 몫이다

유영 씨에게는 두 가지 부분을 짚어주었는데 그중 하나가 연애에 대한 기대치를 낮추는 것이다. 뭐든 멀리서 보면 희극이지만 가까이서 보면 비극이라고 했다. 연애도 마찬가지다.

연애만 시작하면 외로움이 전부 해결될 거라는 미신에 사로잡힌 그녀에게 이런 왕자님은 세상에 존재할 가능성이 거의 없다고 말해줬다. 물심양면 나를 구원해줄 부잣집 아들만이 백마 탄 왕자가 아니다. 내 안의 결핍, 이것을 채워줄 대상을 물색하는 것 또한 백마 탄 왕자님을 찾는 일이다. 그런데 20년 넘게 살아온 부모님도 해주지 못한 일을 2년도 채 안 만난 그가 어떻게 해줄 수 있겠는가.

"연애를 시작하더라도 내 몫의 외로움은 내가 가지고 가야 해요. 이 정도 문제의식을 갖고 있어야 성숙한 연애가 가능해져요. 내 연인 또한 일상을 살아내야 할 주체잖아요. 이러한 사실이 유영 씨와 연애를 한다고 해서 달라지는 것은 아니거든요."

내 말에 유영 씨는 못마땅해하며 대꾸했다.

"그럼 연애를 왜 하는 거예요?"

그럴 수 있다. 실제로 많은 사람들이 외로움을 달래기 위해 연애를 한다. 앞서 이야기한 단계까지 이해할 정도가 되려면 더 많은 연애 경험과 아픔이 필요한 것도 사실이다.

연애에 대한 기대치를 낮추라는 의미는 연애가 마치 나의 결핍을 100퍼센트 해결해주는 수단이라거나 무조건 결혼으로 가기 위한 과정이라는 생각을 거두라는 것이다. 연애는 서로간의 매력과 감정을 다져나가는 과정이다. 그렇기 때문에 한 블록 전체가 아니라 한 칸이라도 제대로 채우겠다는 목표로 연애하는 순간순간에 집중하는 것이 좋다.

핑크빛 연애를 꿈꾸는 이에게 연애에 대한 기대치를 낮추라는 미션은 다소 씁쓸하게 느껴질 것이다. 하지만 그래야만 내 불안을 관리할 수 있으며 '그의 소관'까지 침범하지 않을 수 있다. 그의 소관이라는 말은 곧 내 영역이 아니라는 뜻이다.

연애 지분이 반반이라고 할 때 한쪽이 최대한 가져갈 수 있는 지분은 50퍼센트를 넘지 못한다. 나머지 50퍼센트는 상대에게 달려 있다. 꼭 반반이 아닌 상황에서도 마찬가지다.

상대가 나를 더 좋아해서 시작한 연애라면 내 지분율은 80퍼센트인 반면 상대는 20퍼센트 정도에 그칠 수도 있다. 하지만 이처럼 내가 더 우위에 선 연애라 하더라도 20퍼센트의 권한까지는 손을 댈 수 없다. 내가 어쩌지 못하는 영역, 이걸 인정할 때 비로소 연애할 때 생기는 감정에 덜 휘둘리게 된다.

자기애적 불안은 스스로 노력하면 일정 부분 극복이 가능하지만 자존감적 불안은 노력한다고 해서 극복이 되지 않는다. 남자친구에게 연락이 오면 기쁘고 안 오면 우울한 것은 유영 씨의 영역이 아니란 소리다. 즉 노력을 한다거나 상대를 닦달한다고 해서 잠재워지는 불안이 아니다.

자존감적 불안이 있는 사람은 연애에서 자신이 휘둘리거나 상대방을 휘두르는 경우가 많다. 혼자서 삶을 견디는 힘이 약하기 때문이다. 그러니 타인에게 의존하거나 타인을 이용한다.

달리 표현하면 자신이 가스라이팅을 당하거나 상대에게 가스라이팅을 하는 식이다. 경우에 따라서는 서로 가스라이팅 하기도 한다. 결과는 한쪽이 상처받고 튕겨나가거나 비극으로 끝나는 경우가 많다. 유영 씨에게는 연애에 대한 기대치를 낮추라는 조언과 함께 연애를 일처럼 대하라는 조언을 해주었다.

내가 존경하는 선생님은 "사랑은 경작하는 것"이라는 말을 해주셨다. 논밭의 농작물은 관리하는 과정에서 물을 부족하게 주면 금방 말라버린다. 그렇다고 많이 준다고 해서 잘 자라는 것도 아니라 딱 필요한 만큼만 줘야 한다. 그러면서도 쉼 없이 잡풀을 매고, 가뭄이 들면 저수지에서 물길을 내어주며, 태풍이 오면 배수로를 내고 바람에 쓰러지지 않게 지지대를 세워야 한다.

이렇게 농사를 짓는 것처럼 사랑에는 일정 수준의 의무감과 책임감, 존중과 노력이 필요하다는 의미인데, 다만 농사처럼 사랑 역시 최선을 다하더라도 결과는 장담할 수 없다. 아무리 애를 써도 가뭄이 길어질 수 있고, 예상치 못한 장마가 농사를 망칠 수도 있고, 병충해가 생길 수도 있는 것이다.

그렇기에 우리는 사랑을 하더라도 무작정 타인의 애정을 통해 나의 자존감을 채우려 하기보다 스스로의 힘으로 자존감을 쌓아야 한다.

그래야 연애를 할 때 생기는 예기치 않는 상처를 견뎌낼 수 있다. 그런 다음에야 자연스레 사랑을 이어나면서 점점 경험치와 맷집이 쌓이는 것이다. 이런 과정을 거쳐

야 언젠간 원하는 결실로 이어질 수 있다는 점을 알게 되
길 바란다.

Dr. Lee's Solution

내가 나를 예쁘게 바라보지 않으면
나를 봐줄 외부의 시선을 갈구하게 됩니다.

그러다 보니 연인에게 연락이 없으면
'사랑이 식은 건가?'라고 걱정부터 하게 되죠.

연애에 대한 기대치를 살짝 낮추고
내가 통제할 수 없는 부분도
있다는 사실을 받아들인다면
더욱 건강한 관계를 유지할 수 있습니다.

저를 불안하게 만드는 사람이 있어요

불안한 이들의
시작을 응원하며

불안이 높은 나 같은 사람은 시작이 항상 어렵다. 막상 무언가를 시작하고 나면 관성으로 어떻게든 해나가게 되지만 그 시작을 하려는 과정에서 쓸데없는 걱정으로 자신을 소진시키며 주어진 목표를 자꾸만 회피하곤 한다. 그런 의미에서 이 책이 완성되는 과정은 나의 불안과 소진과 회피와 버텨냄이 복합적으로 담긴 결과물이다.

그런데 누구에게나 삶의 곳곳에는 새로운 시작이 존재한다. 첫 걸음마를 떼고, 학교에 처음 입학을 하고, 첫 출근을 하고, 새로운 가정을 꾸리고 등등 말이다. 매번 쉽진 않겠지만 여러분에게 끊임없이 주어진 새로운 시작을 잘 만들어가야 한다. 그 과정에서 드는 여러 고민과 염려가 이 책의 내용을 통해 조금은 해소되었으면 한다.

　　이 책은 나만의 것이 아니다. 이제껏 나를 지도해주셨던 여러 선생님의 가르침을 투영한 결과물이다. 이분들은 나에게 정신의학적 지식에서부터 환자를 어떻게 대해야 하는지, 정신과 의사로서 사회에서 어떤 역할을 해나가야 하는지, 그리고 스스로의 인생을 어떤 자세로 살아가야 하는지를 끊임없이 가르쳐주셨다. 전해주신 삶과 경험, 지식을 담아내기에 나는 너무 부족한 부분이 많지만, 그래도 뜻을 이어가려 노력하며 살고 있다. 내게는 너무나도 소중하고 감사한 분들이다.

　　아울러 여전히 주어진 일에 게으르고 자꾸만 도망가려 하는 나를 다잡아주고 이끌어준 분들이 이 책의 편집진이다. 참 집요하면서 유능한 사람들과 함께 일할 수 있었다는 것이 나에게 행운이자 복이다.

　하루하루 인생을 살아가면서 때론 힘겹고 좌절할 때마다 사랑하는 사람들을 가슴에 담아두고 바라본다. 누구보다 하늘나라에서 흐뭇하게 바라보고 계실 할머니와 그분의 이름을 이어받아 나처럼 애쓰며 살고 있는 딸에게 고마움과 사랑의 마음을 전하고 싶다. 그리고 이 자리를 빌려 부모님과 아내에게 존경하고 사랑한다는 말을 남긴다.

쓸데없는 걱정으로
준비된 체력이
소진되었습니다

초판 1쇄 발행 2024년 6월 26일
초판 4쇄 발행 2024년 12월 2일

지은이 이광민

발행인 이봉주 **단행본사업본부장** 신동해
편집장 김예원 **책임편집** 김다혜 **정리** 방미희
본문 진행 윤진아 **교정교열** 신혜진 **디자인** 최희종
마케팅 최혜진 이인국 **홍보** 송임선 **제작** 정석훈

브랜드 웅진지식하우스
주소 경기도 파주시 회동길 20
문의전화 031-956-7357(편집) 031-956-7089(마케팅)
홈페이지 www.wjbooks.co.kr
인스타그램 www.instagram.com/woongjin_readers
페이스북 www.facebook.com/woongjinreaders
블로그 blog.naver.com/wj_booking

발행처 ㈜웅진씽크빅
출판신고 1980년 3월 29일 제406-2007-000046호

© 이광민, 2024
ISBN 978-89-01-28492-7 03180

- 책값은 뒤표지에 있습니다.
- 잘못된 책은 구입하신 곳에서 바꾸어드립니다.